ESTRATEGIA 360

QUÉ DIFERENCIA A LAS EMPRESAS QUE TRIUNFAN DE LAS QUE QUIEBRAN

BENITO RODRÍGUEZ BOUZA

Estrategia 360

Primera edición, 2024

© 2024 Benito Rodríguez Bouza

© 2024 MARCOMBO, S.L.
www.marcombo.com

Ilustración de la cubierta: Jotaká
Maquetación: Reverté-Aguilar, S.L.
Corrección: Cristina Pazos
Directora de producción: M.ª Rosa Castillo

ISBN: 978-84-267-3763-2
DL: B 981-2024

Impreso en Printek
Printed in Spain

Contenidos

Introducción

A lo largo de toda nuestra vida académica nos dicen **qué** tenemos que aprender, pero, curiosamente, los planes de estudio casi nunca incluyen lecciones sobre **cómo** debemos aprender. El proceso de aprendizaje consiste en leer, subrayar, repetir, memorizar y vomitar en el examen una serie de párrafos. En el entorno laboral pasa algo similar. Se nos entrena para ejecutar rápido y sin desviarnos del camino, algo que en ocasiones es útil y necesario, pero, en otras muchas, dificulta el crecimiento de la empresa y nuestro desarrollo profesional.

Ahora más que nunca, con el nuevo contexto empresarial, competitivo y en constante cambio, la estrategia es la clave para el éxito y la supervivencia de cualquier empresa. La capacidad de destacar y sobrevivir en un mercado cada vez más canibalizado requiere un enfoque integral que abarque todos los aspectos del negocio. Es aquí donde entra en juego la estrategia 360.

Durante mis veinte años de experiencia como analista de negocio y consultor de estrategia, nunca había presenciado un panorama tan impaciente e incoherente en sus acciones como el que hemos estado viviendo en estos últimos años, sobre todo en pymes y empresas de reciente creación. Siempre ha habido quiebras de empresas y emprendedores que cometen errores de bulto cuando comienzan, pero antes, por lo menos, sabían que no sabían. El problema es que, ahora, la tendencia es a copiar e imitar todo, sin cuestionarnos nada. Posicionar el negocio buscando diferenciación ha pasado a ser totalmente secundario.

Se confunde estrategia con táctica, con planificación y con objetivos y, peor aún, estrategia con herramientas, y el resultado son empresas Frankenstein, que cogen un poco de aquí y de allí, y van dando tumbos hasta que la deuda empieza a ahogar.

¿Y por qué este cambio en los últimos años? Hay una creencia extendida, proveniente de másteres en *marketing*, gurús vendehúmos y cursos de formación de autores que nadie conoce, que promete soluciones mágicas y estrategias de *marketing* infalibles como la única receta para el éxito de tu negocio. La triste realidad es que el camino hacia el éxito no se basa únicamente en la creación de una *landing page*, un *webinar*, un embudo de ventas o una gestión de las redes sociales. Tampoco en gastar tantas energías y recursos en vencer algoritmos de posicionamiento que haga que terminemos descuidando la propuesta de valor. Aunque el *marketing* es importante, no es el punto de partida. Vivimos ahora en una realidad en la que todos son expertos y todos tienen una opinión de todo, y buscar información de valor está empezando a ser realmente complicado. Ahora todas las propuestas suenan igual, mismo *copywriting* en páginas web y publicidad, mismos embudos y *webinars,* mismos productos y servicios y misma forma de vender. Buscan subir a toda velocidad por una escalera y, al llegar arriba, se dan cuenta que estaba apoyada en la pared equivocada.

Una casa se empieza diseñando los planos, sentando los cimientos y continuando con las paredes, pero no empezamos poniendo las cortinas ni las lámparas. De la misma forma que una casa con una estructura inestable tendrá un futuro incierto, una estrategia mal diseñada puede llevar al fracaso de una empresa. La estrategia, al igual que la arquitectura, es la base sobre la que se construye todo. Lo más importante de un negocio no son las tácticas, sino los fundamentos.

Es fundamental entender las prioridades. Se están buscando soluciones fáciles a problemas complejos, y el resultado es que muchos terminan en la misma situación de partida, pero con más gastos y menos energías. Además, se está descuidando el núcleo de la propia estrategia, lo más intrínseco y característico de ella.

El problema no afecta solo a los emprendedores. Si preguntamos a uno de los muchos directivos huérfanos de estrategia por sus objetivos de negocio, responderá «crecer». Cuando el crecimiento es inviable, contestarán «innovar». Es la nada en el vacío.

El pensamiento estratégico es una destreza muy importante para cualquier trabajador de una empresa, pero es imprescindible en personal directivo y mandos intermedios. Si no tienes esta destreza, es probable que encuentres problemas para ascender.

Al comienzo de tu carrera profesional, te valoran y asciendes si logras resolver proyectos y ejecutar órdenes eficazmente, pero va a llegar un punto de tu trayectoria profesional en que dejarán de evaluarte por los proyectos o tareas que puedas realizar, y empezarán a pedirte que los conceptualices y ayudes a decidir qué es importante para la empresa y su crecimiento. Lo que te sirvió para llegar a mandos intermedios siendo un buen técnico no te servirá para ir más allá.

También existe la creencia auspiciada por gurús motivacionales de que solo la dedicación lleva al éxito, y que dedicar horas y más horas hasta la extenuación se traducirá finalmente en grandes recompensas. Aunque es importante, nos estamos olvidando de que el éxito reside en la estrategia y en la agudeza para encontrar nuevos caminos, y que solo a través de ella podremos maximizar el impacto y mejorar nuestra posición competitiva. No se trata solo de trabajar duro, sino de trabajar de forma inteligente.

Este libro te acompañará en un entretenido viaje hacia la comprensión y aplicación de una estrategia coherente y efectiva. Descubrirás los pilares fundamentales de la estrategia empresarial y cómo utilizarlos para desplegarla correctamente, minimizando los efectos del ruido estratégico que perjudica a tantas empresas.

Comprobarás la importancia de analizar correctamente el entorno empresarial, evaluar tus recursos internos, identificar oportunidades y llevar a cabo correctamente las etapas finales de implementación, comunicación y evaluación.

En este libro tendrás ejemplos concretos de empresas reales que se han enfrentado a grandes desafíos y han logrado destacar y sobrevivir en medio de tanta competencia. Aprenderás de sus experiencias y de las mías propias para ir armando tu base de conocimiento y afinando el criterio.

Encontrarás condensados veinte años de experiencia en cuatro horas de lectura y te ayudarán a sobresalir en un mercado cada vez más canibalizado. Este libro no busca trasmitir conocimientos, aunque será una consecuencia, sino generar resultados. Por esto, después de cada explicación tendrás muchos ejemplos prácticos que te ayudarán a cambiar marcos de pensamiento y optimizar tus planes de acción con una perspectiva realista.

Miguel Ángel decía que un pintor pinta con su mente, no con sus manos. No obstante, ahora vivimos en un mundo orientado a la acción impulsiva, muchas veces sin ningún tipo de reflexión previa. El éxito empieza siempre en la mente, por lo que es necesario darse tiempo y adquirir las herramientas necesarias para pensar estratégicamente antes de lanzarse a implementar el plan de acción.

Veremos a lo largo del libro que lo peor de tener una mala estrategia es que no tienes claro dónde competir ni cómo competir, y comienzas a ofrecer tus productos o servicios a todo el mundo, cambiando de táctica según sopla el viento. De la misma forma que un buen líder no va a satisfacer a todos sus seguidores, una buena estrategia no puede satisfacer a todos sus clientes.

Lo que te impide avanzar en tu proyecto es tu estrategia. No culpes al mercado, ni a la crisis, ni al gobierno, ni a la subida del petróleo. El problema es que muchos empresarios y directivos viven ajenos a esta necesidad de tener una estrategia sólida.

Como decía Cole en la película *El sexto sentido,* «los fantasmas no se dan cuenta de que están muertos porque solo ven lo que quieren ver».

Visita mi web:
https://estrategiaymanagement.com/

A mis padres. Por estar siempre ahí.

Capítulo 1. Estrategia 360°

Introducción

Según los indicadores de Eurostat, casi 10 000 empresas se declararon en quiebra en el año 2022, un 63 % más que el año anterior, siendo la cifra más alta desde que la oficina de estadística de la Comisión Europea comenzó a recopilar estos datos.

En concreto, fueron 9606 empresas las que anunciaron el cierre el pasado año. De hecho, en el último trimestre, España fue el segundo país de la Unión Europea con mayor porcentaje después de Luxemburgo.

Además, si analizamos los datos de emprendimiento en la zona euro, vemos que:

- El 30 % de las empresas quiebran el primer año.
- El 50 % quiebran en su tercer año.
- El 60 % quiebran en su quinto año.

Este panorama requiere una reflexión honda y profunda sobre las causas raíz de dichas quiebras, así como la búsqueda de posibles soluciones.

El problema es que, muchas veces, esta reflexión sobre la mala salud de las empresas se realiza en solo una de las áreas de la cadena de valor (marketing, producción, preventa, financiación...), sin considerar su coherencia con el resto ni su enfoque global, con lo que se terminan poniendo parches que calman momentáneamente la agonía, pero ayudan poco a medio y largo plazo.

Lo que pretendo con este libro es abordar una de las principales y más importantes causas de fracaso empresarial: la estrategia o, mejor dicho, la falta de estrategia. A través de los diferentes capítulos, haré hincapié en cuestiones fundamentales relacionadas con el ciclo de vida de la estrategia, como son la elaboración, la ejecución, la adaptación, el seguimiento y la comunicación.

¿A quién va dirigido este libro? A tres colectivos:

- Emprendedores.
- Mandos intermedios que quieran ascender a posiciones más directivas.
- Consultores estratégicos.

David Novak, consejero delegado de Yum Brands, empresa matriz de KFC, Pizza Hut y Taco Bell, ha insistido en numerosas ocasiones en que la clave para llegar a ser una empresa de éxito es la capacidad para desarrollar y ejecutar la estrategia, y eso requiere disponer de directivos con habilidades en estas áreas.

Tras dos décadas de experiencia en el ámbito de consultoría estratégica, ofreciendo servicios de STaaS (*Strategy as a Service*), así como trabajando con otros *partners*, tales como EFQM o IIBA (International Institute of Business Analysis), en el rol de analista de negocio, me he decidido a poner en negro sobre blanco lo que he aprendido a lo largo de este tiempo, con el objetivo de arrojar algo de luz entre tanta oscuridad.

Nunca me he llamado experto ni me he dedicado a sentar cátedra sobre lo que las empresas tenían que hacer, sino que he puesto mis esfuerzos en ser, más bien, un facilitador hacia el crecimiento empresarial. Así, mediante el uso de diversos modelos y herramientas, he ayudado a las empresas a estudiar su ecosistema y realizar el análisis de su sector para, a continuación, en función de sus puntos fuertes y débiles, formular y diseñar una estrategia que les ayude a mejorar su posición en el mercado. Lo siguiente es articular con ellos una forma de trabajo y sistema que les ayude a lidiar con los cambios y tendencias actuales, buscando potenciar el pensamiento crítico, la capacidad de análisis y la simulación de escenarios posibles. Todo esto, teniendo siempre en cuenta que una de las características de la estrategia es que tiene que ser ambiciosa.

El estratega político Newt Gingrich explicaba con una metáfora su famosa matriz de esfuerzo-impacto:

«un león es totalmente capaz de capturar, matar y comer un ratón de campo. Pero la energía requerida para hacerlo excede el contenido calórico del ratón. Entonces, un león que pase el día cazando y comiendo ratones de campo morirá lentamente de hambre. Un león no puede vivir de ratones de campo. Un león necesita antílopes. Requieren más velocidad y fuerza para capturarlos, pero brindan un festín para el león». La distinción es importante. ¿Estás gastando todo tu tiempo y agotando todos tus recursos atrapando ratones de campo? A corto plazo, puede parecer interesante, e incluso te puede dar beneficios. Pero, a la larga, no lo es tanto. La estrategia 360 te ayudará a poner todo en perspectiva y a darle a cada cosa su debida importancia.

¿Qué es la estrategia 360°?

La estrategia 360 es un enfoque integral de planificación que considera todos los aspectos y perspectivas del negocio, tanto internos como externos. Se trata de una metodología que aborda la gestión empresarial de manera global y coordinada, abarcando desde la estrategia de *marketing* y ventas, hasta la gestión financiera, operativa y de recursos humanos, entre otras.

El término 360 hace referencia a la idea de que la estrategia debe ser contemplada desde todos los ángulos posibles para poder obtener una visión completa de la situación del negocio y su entorno. Cuando alcanzas esta visión estratégica, dejas de ver la parte productiva, la logística, las alianzas, las ventas, el SEO o el *copywriting* como elementos aislados, porque todo se alinea por encima. De esta forma, se pueden identificar oportunidades, amenazas y fortalezas reales y diseñar planes de acción que permitan alcanzar los objetivos de la empresa de una forma coherente.

Pero eso no quiere decir que la estrategia sea única. Para una empresa pequeña que ofrezca al mercado un solo producto o servicio, la estrategia sí será unitaria. Pero muchas empresa medianas y grandes tienen diversificación de productos y coexisten en ellas diferentes niveles de estrategia de negocios: estrategia corporativa, estrategia del sector de negocio, estrategia de categoría de productos o servicios y estrategia de productos o servicios individuales, que suele constituir el bloque indivisible de estrategia. Piensa en compañías como PepsiCo, Nestlé o L'Oréal, que tienen líneas de productos distintos, dirigidas a segmentos distintos y con distintas propuestas de valor. Estas empresas se enfrentan a un reto importante: diseñar estas estrategias de forma que estén anidadas unas dentro de otras y se refuercen entre sí.

Hay un libro muy curioso, *Over the Edge: Death in Grand Canyon*, de Michael Ghiglieri, que durante años ha analizado todas las muertes acaecidas en el Gran Cañón del Colorado. Curiosamente, de las más de cincuenta muertes anuales, una buena parte se debe a *selfies* imprudentes realizados en zonas impensables, y otra parte se debe a que, algunos, en su afán explorador, se pierden y terminan agonizando en la excursión por factores como sed, cansancio o frío. Por más que se insista con campañas informativas y letreros, siempre hay quienes se creen exentos de riesgos. Esto mismo sucede en el emprendimiento actual: pocos son conscientes de los riesgos reales y, menos aún, de la necesidad de tener una estrategia para evitar fracasar.

Hay tres problemas que me he encontrado de forma recurrente:

- Los emprendedores que no realizan ningún análisis del mercado, porque les aburre y les impacienta y no creen que le aporte ningún valor.
- Los que están enamorados de su producto o servicio y lo lanzan sin saber si es algo que realmente necesite el cliente o aporte valor al mercado.
- Los que están tan ansiosos por probar las últimas tácticas en *marketing* u otras modas del momento que terminan sucumbiendo, como principiantes, al denominado FOMO o *Fear of Missing Out* (es decir, «miedo a perderse algo»).

La estrategia siempre viene antes que la táctica. Y la estrategia no puede ser solo de *marketing*, tiene que ser 360 y abarcar todos los ángulos.

Hay otro grupo, muy motivado, pero sin rumbo, que tiene únicamente como lema algo que se puede resumir en «nuestra estrategia es y será trabajar cada día con más ahínco». Esta solución, fruto de la falta de imaginación y la ignorancia, puede ser efectiva a corto plazo, dado que la estrategia no es nada sin acción. Pero, a la larga, la acción sin estrategia es como pedalear en el vacío.

Y luego tenemos el segundo problema, que afecta sobre todo a pymes y empresas grandes y que está relacionado con el flujo de comunicación y participación entre los distintos niveles jerárquicos.

Una encuesta de Management Consultancies Association (MCA) de Reino Unido reveló que, por término medio, el 80 % de las aportaciones a la estrategia proceden de los altos ejecutivos. Los mandos intermedios solo aportan el 20 %.

Curiosamente, suelen ser los mandos intermedios los miembros más importantes del ecosistema estratégico, dado que, muy a menudo, estos ejecutivos reciben información de primera línea que puede influir significativamente en la dirección estratégica. En función de sus conocimientos, estructura retributiva, trayectoria profesional, tolerancia al riesgo, etc., decidirán si actúan a partir de esta información y la presentan en forma de iniciativa estratégica o si la abandonan al olvido. Tienen el poder de acabar con estrategias que podrían cambiar las reglas del juego sin que la alta dirección se entere de que existe la oportunidad.

Citando a Bower, profesor de la Harvard Business School, «la gran mayoría de las ideas surgen de los empleados. Los mandos intermedios deben decidir cuáles de las ideas que les llegan van a apoyar y cuáles van a condenar al olvido». Por tanto, estos mandos intermedios desempeñan un papel crucial en el proceso posterior de asignación de recursos que, a su vez, tiene un efecto crítico en la definición y aplicación de la estrategia.

La importancia del entorno

Ad-Dawr (Irak), 13 de diciembre de 2003. Operación Amanecer Rojo. Las tropas del ejército estadounidense se preparan para atacar al ejército irakí. El general de división Saymond se reúne con sus oficiales y les pregunta si tienen todo listo para empezar la operación. El capitán Riels le responde «todo listo, mi general». Saymond vuelve a preguntar: «¿Cuáles son las previsiones de ataque del enemigo? ¿Y las de huida? ¿Cómo es la orografía? ¿Con cuántos efectivos cuenta el enemigo y qué puntos débiles vamos a aprovechar en la operación?» A lo que el capitán responde: «No he tenido tiempo para pensarlo, porque he estado organizando a los 600 soldados y preparando la logística, munición y transporte».

La historia es obviamente ficticia, pero este disparate imaginario se traslada a menudo al mundo empresarial. No es suficiente con gestionar los recursos internos y optimizarlos al máximo. Debemos, además, estar pendiente del entorno y de las reacciones de la competencia y de nuestros clientes. En la estrategia no nos podemos permitir el lujo de obviar el factor externo.

Tenemos que estar permanentemente escuchando al mercado. Te pongo un ejemplo: el pasado 11 y 12 de julio de 2023 fue el Amazon Prime Day, en donde el gigante del *ecommerce* batió un récord mundial al alcanzar los 375 millones de artículos vendidos en solo dos días. Semanas más tarde, la CNMC (Comisión Nacional de los Mercados y la Competencia) anunciaba los resultados de 2022 para el *ecommerce* en España. Las transacciones en ese periodo superan los 72 000 millones de euros y crecen un 25 % más que el año anterior. El entorno ha cambiado radicalmente, en los últimos diez años, la forma en la que compramos y consumimos. No tenerlo presente a la hora de elaborar nuestra estrategia es darse un tiro en el pie.

La estrategia es, en esencia, el conjunto de medios para lograr un fin, es un puente que nos lleva de una situación inicial a otra con mayor ventaja competitiva. Se estudia el entorno, las características de nuestro negocio, se establecen objetivos y se diseña la ruta para llegar. No obstante, le falta un matiz diferenciador absolutamente crítico. Este factor está relacionado con la rapidez con la que cambia ese entorno, y es esto lo que nos dificulta acertar con el enfoque correcto a la primera.

Tener una estrategia es, como veremos a lo largo del libro, **ser capaces de mirar a largo plazo, mientras no perdemos de vista lo que sucede a nuestro alrededor.** Nos permite anticiparnos para llegar a nuestros objetivos en el futuro, según nuestros recursos y capacidades. Tenemos una tendencia a centrarnos solo en el presente y evaluar posibilidades basándonos en lo que ha sucedido en el pasado. Nos gusta resolver los problemas actuales y, aunque eso es necesario, cuando estás en un puesto directivo o, como emprendedor, estás al frente de tu empresa, no puedes estar solo en el presente, sino que tienes que mirar con regularidad al futuro.

En estos días, el número de herramientas que los líderes tienen a su disposición se ha incrementado considerablemente, resultando complicado en ocasiones saber cuál utilizar. No es que les falten herramientas, sino un marco robusto que les permita acertar.

Las cinco fuerzas de Porter, la estrategia del océano azul de Kim y Mauborgne o la innovación abierta de Chesbroughy pueden ser válidas para un ámbito concreto y no para otro, o para los dos a la vez. Nos corresponde a nosotros conocerlas para saber cuándo aplicarlas en función del contexto en el que nos movamos.

Lo veremos con más profundidad más adelante, pero ya os adelanto que será el entorno externo de nuestra empresa lo que más influirá en nuestro enfoque estratégico. Para caracterizar este entorno, a mí me gusta conjugar tres factores:

1. Predictibilidad: ¿se puede predecir?
2. Maleabilidad: ¿puedes, solo o con *partners*, moldearlo?
3. Hostilidad: ¿puedes sobrevivir fácilmente en él?

Te habrás encontrado en los últimos años numerosas alusiones al entorno VUCA, aunque su concepto ya había sido propuesto en 1985. Recientemente, a raíz del Covid y la inestabilidad que ha traído consigo se habla de BANI *(Brittle, Anxious, Non-Linear and Incomprehensible).* Es indiferente el modelo que utilices. Lo que es fundamental es que le des la importancia que requiere y seas consciente de que es un entorno caprichoso e impredecible.

Para elaborar nuestra estrategia 360, necesitamos dedicar tiempo para pensar, pero nos centramos demasiado en la parte operativa y, peor aún, en tareas de bajo rendimiento que nos privan de esta parte de análisis y reflexión. No podemos olvidar que, donde hay una buena estrategia, hay también un gran proceso de pensamiento detrás, que es justo lo que nos ha permitido llegar a ella. Y ese proceso de reflexión estratégica no se puede realizar una vez al año, hay que sistematizarlo e incorporarlo al ADN de nuestra empresa.

Richard Brandson, fundador de Virgin Group, decía que «en los negocios necesitas tener una visión completa del ecosistema en que te mueves antes de tomar cualquier decisión importante». No puedo estar más de acuerdo. Lo contrario es depender demasiado del azar.

Cuando vemos un negocio como un ecosistema, con sus características propias y sus relaciones de causa y efecto, podemos identificar más oportunidades. Podemos anticiparnos a los efectos secundarios de las decisiones que tomamos y, por tanto, tomar mejores decisiones.

Para que, como estrategas, nuestra comprensión del entorno sea óptima, debemos tener en cuenta tres factores: frecuencia de la valoración, relatividad de las mejoras y diagnóstico.

1. Frecuencia de valoración. El entorno no puede ser algo que se evalúa anualmente, sino que debe realizarse de forma constante y sistemática, y conlleva analizar el mercado, los clientes y los competidores y contrastar sus características con las de nuestra empresa. El contexto de la empresa es el «Ud. se encuentra aquí» de los planos de evacuación de emergencia. No podemos trazar una ruta si no sabemos de dónde estamos saliendo en el momento actual.

2. Relatividad de las mejoras. Lo importante no es solo cuánto y cómo mejoramos, sino la proporción en la que lo hacemos con respecto a nuestros competidores. Por tanto, todo lo que mejoremos en nuestras operaciones, propuesta de valor o atención al

cliente solo será relevante si nuestra competencia no lo ha hecho a un ritmo superior.
3. Calidad del diagnóstico. Dada las características de nuestra empresa, tenemos que identificar claramente qué factores del entorno son los que más impacto tienen en nuestros resultados y ser capaz de priorizarlos correctamente.

¿Por qué demonios la estrategia brilla por su ausencia?

Hay muchas razones, pero destacan las siguientes:

1. Es un concepto abstracto. No se ve, no se toca y, precisamente al ser abstracto, hace que esté abierto a interpretaciones subjetivas.
2. Multitud de definiciones. Si bien tiene unos orígenes claros y una evolución muy definida, el concepto se ha desvirtuado y, hoy en día, cualquier cosa es estrategia.
3. Falta de conocimiento. La mayoría de las empresas no invierten en formación para incentivar el pensamiento estratégico, sino que dedican sus recursos a formar a su personal en ventas, atención al cliente, comunicación, herramientas ofimáticas, etc. Además, muchas de ellas no tienen ni

siquiera un proceso formal para desarrollar la estrategia.

4. Conlleva riesgos. Directivos que aspiran a promocionar y no ser despedidos van a lo seguro, apuntan bajo y reparten los recursos sin asumir ningún riesgo, muchas veces repitiendo lo mismo año tras año. Para hacer esto, en realidad, sobra la estrategia y sobra el directivo.

«La estrategia sin tácticas es el camino más lento hacia la victoria. Las tácticas sin estrategia son el ruido antes de la derrota» (Sun Tzu).

Capítulo 2. Psicología para la estrategia

Patrones comunes

Corría el año 2017 y Brais tenía treinta y tres años. Durante los dos últimos años, le había rondado la idea de montar su propio negocio. Quería ofrecer un servicio de consultoría legal *low cost* sobre temas de derecho civil y, finalmente, se había animado, tras haber asistido a varias sesiones sobre emprendimiento organizadas por la Cámara de Comercio de Madrid. Finalmente, en el 2018 reunió sus ahorros y se lanzó a la aventura: contrató la página web, un despacho modesto en la zona de Manuel Becerra, una secretaria y un abogado recién licenciado, e invirtió en publicidad *online* y *offline*. Empezó un *podcast* de derecho y abrió un blog. En el 2020, dieciocho meses después, cerró la empresa, el blog y la página web, tras meses de gastos y muy pocos ingresos, y volvió a trabajar por cuenta ajena para otro despacho de abogados.

Esta situación es bastante común. Y no es que hubiese cometido un error de bulto, sino que fue una concatenación de pequeños errores, como no ser consciente de sus fortalezas y palancas, no saber asociarse con perfiles que complementasen sus carencias, no tener una comunicación clara y precisa en sus propuestas de valor, no llevar una estrategia de ventas definida para evitar dar palos de ciego a clientes y no realizar una planificación de su gasto acorde al presupuesto que manejaba. Solo eso. Todo eso. Pequeños errores que van restando, hasta que no queda nada que restar.

Muchos emprendedores comienzan con una idea de negocio que parece que va a terminar en una buena propuesta de valor, pero terminan como apagafuegos de servicios que no terminan de escalar. Otros, como Brais, no calculan bien el punto de *break even* y piensan que van a compensar los gastos realizados mucho antes de lo que realmente sucede.

¿Para qué necesitamos saber estrategia?

Te doy dos razones muy elementales:

1. Para gestionar mejor el rumbo de tu negocio y poder crecer y mejorar tu posición competitiva.
2. Para ser útil para tu empresa, y para poder promocionar y desarrollar tu carrera profesional a puestos directivos si eres trabajador por cuenta ajena.

Indra Nooyi ha sido consejera delegada de PepsiCo durante 12 años y ha conseguido aumentar sus ventas un 80 % durante su mandato. En una entrevista declaró lo siguiente: «para mí, la habilidad más importante que necesita cualquier consejero delegado hoy en día es la agudeza estratégica».

Quizá eres un buen micro decisor, funcionas bien cuando sabes lo que hay que hacer, pero, cuando toca tomar decisiones más globales, de mayor nivel y que han de ser fruto del análisis de la situación actual, tienes más problemas. Conozco a muchas personas que son buenísimos técnicos, pero resultarían pésimos consejeros delegados. Hay que saber resolver problemas, sí, pero lo principal es enfocarse en crear valor a largo plazo, sobre todo si tú eres el que estás al frente del timón y tienes que tomar las decisiones estratégicas.

El famoso piloto brasileño de Fórmula 1 Ayrton Sena decía que «no puedes adelantar quince coches en un día soleado, pero sí que puedes hacerlo cuando llueve». Aprovecharte de las tendencias del mercado actuales es una buena forma de posicionarte, sobre todo cuando el viento sopla a nuestro favor, donde a casi todos les va muy bien. Pero, cuando el entorno se vuelve duro y hostil, las cosas cambian, y ponen a cada uno en su sitio. Es aquí donde los más hábiles estrategas conseguirán tomar ventaja del resto. Como dice Warren Buffet, «solo cuando baja la marea se ve quién nadaba desnudo».

De muchos de los libros que he leído sobre estrategia a lo largo de mi vida puedo decir, sin temor a equivocarme, que hay una disonancia entre su contenido, en ocasiones sumamente académico, y los problemas reales a los que tienen que enfrentarse las empresas. La estrategia de laboratorio está bien como base, pero hay que aterrizarla, y eso requiere una fricción constante con el mercado laboral, indagar y meter el hocico en las empresas, probar y lanzar proyectos, fallar, aprender del error, y volver a cambiar el enfoque.

Actualmente, estamos viviendo en una era sin precedentes, los límites históricos se están rompiendo, lo que permite que cualquiera pueda participar y el emprendimiento se haya democratizado enormemente. Las trabas para crear una empresa se han reducido drásticamente y, en muchos sectores, el universo *online* ha cambiado locales y oficinas por páginas web y un portátil en el salón de tu casa, reduciendo tiempo y obstáculos.

Tras más de dos décadas trabajando con emprendedores y pequeñas empresas, he analizado su evolución, éxitos y fracasos, estableciendo un patrón de gestión común que está presente en sus estrategias. Explicaré a lo largo de este libro algunos métodos seguidos por las empresas que han despuntado, para que cualquier negocio pueda mejorar y crecer de forma estable y segura, separando lo común de lo que es específico de cada sector.

También me he encontrado, sobre todo en negocios *online*, con emprendedores que tienen mil ideas pero ninguna estrategia, y patrones de comportamiento que conducen al caos e ineficiencia, entre los que se encuentran los siguientes:

- Patrón uno: tienen demasiadas ideas en la cabeza y les resulta difícil mantener el foco. Dan los primeros pasos, pero les cuesta encontrar la continuidad y acertar con los pasos a seguir. Todo lo que les cuentan sobre emprendimiento *online* les gusta y lo comienzan a aplicar todo, pero no terminan nada.
- Patrón dos: ofrecen muchos servicios distintos pensando que en la variedad está la riqueza, pero la especialización brilla por su ausencia. Adoptan como dogma la regla de tres: cuanto más ofrezco, más oportunidades tengo. ¿Resultado? Agua hasta el cuello, mil horas de trabajo y pocos ingresos a cambio.
- Patrón tres: la prioridad en su estrategia es el marketing *online*: publicar información en redes sociales, *newsletters*, *podcasts* y mantener el blog al día. Invierten aquí demasiado tiempo, sin una clara estrategia de comunicación. Crecen en seguidores y visualizaciones, pero no monetizan nada, por mucha audiencia o seguidores que tengan, bien porque no tienen una narrativa de comunicación claramente definida o porque no aportan una propuesta de valor que el mercado necesite.

Desde el punto de vista de la estrategia, no se puede poner solo el foco en el corto plazo. Hay que tener un horizonte de tres a cinco años, entrando en el juego a largo plazo, donde casi nadie participa y donde tienes más posiciones que ganar. Hay menos competencia cuando te das un horizonte más largo. Pero cuando solo haces inversiones a corto plazo, ya sea de dinero o de tiempo, pierdes muchas oportunidades. Solemos sobrestimar lo que podemos hacer en un año, pero subestimamos lo que podríamos lograr en cinco años. Una frase muy manida, pero rigurosamente cierta.

Algo muy parecido le sucedió a Carlos, un analista informático que trabajaba para Coritel en desarrollo de *software* para bancos. Reunió ahorros, dejó la empresa y, al igual que Brais, alquiló un despacho en Vigo y contrató a un programador junior para desarrollar un *software* que distribuiría a bancos y determinadas empresas de la Zona Franca. Después de un año y medio, su producto no consiguió más que tres ventas, mientras los gastos continuaban creciendo mes a mes.

Al final, tenemos que muchos emprendedores son técnicos que trabajan para sí mismos, y su castigo por no evolucionar la estrategia es convertirse en esclavos de las circunstancias. Una cosa hay que tener clara: el que hace absolutamente todo en su empresa y ni contrata, ni externaliza, ni automatiza, es cualquier cosa menos estratégico.

Sesgo de la positividad

El monte más alto es el Everest, con 8849 metros de altura sobre el nivel del mar. Desde 1953 muchos han intentado llegar a su cima, pero pocos lo han conseguido.

El ascenso al K2, también del sistema de los Himalayas, es todavía más peligroso, y estaríamos hablando de una proporción de un muerto por cada cinco ascensos exitosos, según estimaciones de 8000ers The Himalayan Database.

¿Cuáles son los principales retos a los que se enfrentan? Mal de altura, congelación, edemas cerebrales y pulmonares. Además, la digestión se desacelera a medida que los escaladores alcanzan altitudes más altas, hasta que el intestino se vuelve hipóxico y no puede enviar nutrientes a los músculos. Y eso sin olvidar los tobillos torcidos o el mal de montaña, que causa insoportables dolores de cabeza.

¿Cómo se preparan para el reto? Lo primero es siendo consciente de las limitaciones físicas de uno mismo y siguiendo un duro y metódico entrenamiento. Quienes lo consiguen pasan años adquiriendo experiencia, habilidades y resistencia mental para reducir sus puntos débiles y conseguir así desarrollar la habilidad necesaria para afrontarlo con éxito. No obstante, la realidad es que muchos perecen en el intento.

Reflexiona sobre esto y sobre el emprendimiento, y compáralo con las estadísticas iniciales sobre quiebras de empresas. Lo único que nos evitará estrellarnos es disponer de una estrategia sensata, coherente y adecuada a nuestra empresa y al entorno actual en el que nos toca movernos.

Actualmente, muchos de los emprendedores, al crear su negocio, desprecian el plan de empresa y los análisis previos, que consideran un trámite burocrático, propio del pasado y carente de valor. Están tan enamorados de su proyecto que no ven más allá.

Pero, aunque tengas un plan, no te confundas. Tener un plan no te garantiza nada. Es un punto de partida, pero se necesita mucho más.

Daniel Kahneman afirmaba que «la falacia de la planificación es que haces un plan que suele ser la hipótesis más optimista. Entonces, supones que los resultados obedecerán a tu plan». Esto fue lo que le pasó a Brais, que fue víctima de su mala planificación y su falta de adaptación a las circunstancias.

Esta falacia, que deriva del sesgo de la positividad, expresa la tendencia a subestimar tiempos, costes, imprevistos y riesgos para realizar los proyectos, así como a sobreestimar los beneficios de dichas acciones. Esto nos lleva a ser exageradamente optimistas en nuestros proyectos y, lo que es peor, nos hace desdeñar cualquier información que contradiga ese optimismo. Morgan Housel, analista económico del Wall Street Journal, decía que el «riesgo es lo que queda cuando piensas que ya has pensado en todo».

Más allá de la confianza que tengas en tu proyecto, debes contemplar el reto con cierta objetividad. Pon siempre en duda lo fácil que puede ser la tarea, ya que lo normal es que haya cosas que vayan a fallar en el proceso, o que aparezcan demoras no planificadas, o ambas cosas. No se puede subestimar el reto que está por delante. Nos ha pasado a todos y te pasará a ti también. Intenta, por lo menos, minimizar su impacto.

¿Te acuerdas del Segway? Era un vehículo eléctrico de dos ruedas con un manillar que empezó con mucho ímpetu. Cuando se puso a disposición del público en 2002, la empresa anunció que esperaba vender 50 000 unidades cada año.

Tras cinco años en el negocio, la compañía había vendido un total de 23 000 unidades, menos del diez por ciento de la meta inicial. Y ya en el 2020, la empresa anunciaba la decisión de dejar de fabricarlos.

Y es que no podemos olvidar que el mercado **solo compra donde ve valor**, y le da igual que tú creas que tienes la mejor idea del mundo. Primero va el mercado y luego tu producto, no al revés. Es un error muy común que cometen muchos empresarios, invertir este orden, y de ahí los datos iniciales con los malos resultados de emprendimiento. No discutas con el mercado, siempre saldrás perdiendo.

Además de controlar el sesgo de la positividad, también tenemos que atar en corto a nuestras corazonadas e impulsos emocionales, sin importar lo creíbles que nos parezcan en el momento. Analiza y reflexiona con rigor. No escatimes tiempo con estas tareas.

En 1982, el famoso gestor de *hedge funds* Ray Dalio realizó un análisis del mercado y llegó a la conclusión de que todos los bancos estadounidenses estaban al borde de la quiebra. Posteriormente, admitió que fue más una corazonada que una conclusión razonada. En cualquier caso, convencido de su pronóstico, decidió invertir todo el dinero de sus inversores y el suyo propio en vender acciones. Sin embargo, su predicción resultó ser completamente errónea y no se produjo ninguna caída significativa en el mercado. Dalio perdió todo su dinero, se vio obligado a despedir a su personal y tuvo que reconstruir su negocio de inversiones desde cero.

Esta experiencia marcó un punto de inflexión en la mentalidad de Dalio. Aprendió humildad y a tener en cuenta la incertidumbre en sus modelos de inversión. Hoy en día, aparte de multimillonario y mucho menos arrogante, se ha convertido en una leyenda de las inversiones, siendo además una de las personas que más insiste en la necesidad de considerar la incertidumbre en todas las decisiones estratégicas. Asumir que no lo sabes todo te ayudará a aceptar nuevas ideas más rápidamente.

La meseta de potencial latente

Si algo me sorprende de la gente que lanza proyectos empresariales, son las prisas. Siempre han existido, pero, en los últimos cinco años, las prisas son todavía mayores. Lo quieren todo, y lo quieren ya.

La buena noticia es que, mientras la impaciencia sea la norma, la alternativa trabajada y paciente será muy rentable. La mayoría de lo que se empieza no se termina, estamos programados para rendirnos si vemos muchos obstáculos, y más ahora que vivimos en un mundo con tantas opciones y distracciones. Empiezan con ganas de comerse el mundo, con una ilusión y una pasión inusitada. Luego, con el paso de los meses, se dan cuenta de que los resultados tardan en llegar o no llegan, y hay que cambiar de rumbo. Pero no es fácil y muchos, con la moral, la energía y el presupuesto cercanos a la zona cero, tiran la toalla y piensan que esto no es para ellos.

Hay una idea que debes interiorizar y tener muy presente en los primeros años de vida de tu proyecto empresarial, y es la meseta de potencial latente o energía de activación, de James Clear. Esta meseta es el espacio de tiempo que transcurre desde que empiezas algo hasta que ves los resultados. Durante ese tiempo, las mejoras son tan pequeñas que son casi inapreciables, y esto suele ocasionar bastante frustración. No importa cuánto tiempo, esfuerzo y recursos inviertas que el progreso **no** va a ser lineal.

Y es que gestionar y liderar una empresa de forma eficiente no sucede de la noche a la mañana. Necesitas destrezas y experiencia que se van acumulando con la dedicación, en pequeñas dosis, hasta que un día comienzas a ver resultados.

En el recorrido de esa larga meseta no ves los avances, pero sin embargo sí se están sumando progresivamente, generando un potencial que se mantiene latente hasta que la acumulación lo hace visible en forma de resultados.

Pero no es solo que no veas los avances, sino que además tiendes a magnificar las pérdidas. El premio nobel Daniel Kahneman afirmó que valoramos las pérdidas con el doble de intensidad que las ganancias, y contra esto vamos a tener que luchar en todo momento. El tener controlado este factor psicológico puede marcar la diferencia entre seguir o abandonar.

Además de tener muy presente esta meseta, otra de las habilidades que vas a tener que trabajar es lo que los japoneses llaman **Satori**, cuya traducción se aproximaría a «comprensión», «conocimiento» o «percepción». Tienes que entrenarte para relacionar piezas de información y para ser capaz de ver tendencias o vacíos en el entorno que otros no ven o han ignorado. Tienes que aprender a dar la importancia adecuada a esas tendencias, amenazas o cambios que se presentan en el futuro. Pero ¿cómo se consigue?

- Analizando los datos y tendencias del mercado, pasados y actuales. Los mercados donde nos movemos son conversaciones y tenemos que estar permanentemente escuchándolas.

- Documentándonos sobre nuestra competencia, sus errores y aciertos, destripando sus estrategias y planes de acción, buscando patrones en la gestión de recursos y valorando cómo se adaptan a los distintos cambios del entorno.

Recuerda que no se aprende de la experiencia, se aprende al reflexionar sobre la experiencia. Documenta todos tus aciertos y errores estratégicos y no dejes de utilizarlos como base de conocimiento para tus decisiones futuras. He podido comprobar que muchos han tenido toda la experiencia habida y por haber y siguen cometiendo los mismos errores y tropezando con la misma piedra.

Sesgo del *resultadismo*

Se basa en la falsa creencia en la cual, si impulsamos determinadas iniciativas en nuestra empresa y salen bien, asumimos que hemos tomado una buena decisión. Por el contrario, si salen mal, lo atribuimos a la mala suerte. En ningún momento nos paramos a analizar la causa y el efecto, para ver qué parte es atribuible a nosotros y en qué parte ha intervenido la suerte. Esto se conoce como el **error fundamental de atribución.**

Hay dos verdades incómodas sobre la toma de decisiones que constituyen las dos caras de una moneda: una es que los buenos resultados no siempre se dan por buenas decisiones. La segunda es que las buenas decisiones no garantizan buenos resultados. Podemos tener un proceso perfecto, tomar la mejor decisión posible y obtener un resultado no deseado.

Aun así, lo que nos ayuda a la larga es no mirar el resultado de la decisión, sino más bien el **proceso** que estamos usando para llegar a la decisión. Si llevas a cabo un buen proceso para tomar decisiones, a largo plazo siempre sales ganando. Ahondaré en esta idea en la parte de ejecución.

Otro factor que influye en nuestro pensamiento estratégico es nuestro sistema de creencias. Tenemos que entender que las decisiones que tomamos para nuestra empresa tienen un comportamiento similar a la realización de una serie de apuestas. Cada vez que tomamos una decisión, estamos eligiendo una alternativa y rechazando otras y, por tanto, apostando por ella. La mayoría de las veces no estamos apostando contra otros, sino contra las futuras versiones de nuestra empresa que decidimos no escoger, y es aquí donde entra en juego el poder de nuestras creencias. Para bien o para mal, nuestras creencias sobre lo que puede suceder condiciona la calidad de la decisión.

¿Por qué es difícil pensar a largo plazo en la estrategia?

La economía conductual está en auge ahora mismo. Ni la economía ni la psicología sirven por sí solas. Sin la economía, la psicología carece de estructura analítica y de propósito, sobre todo a la hora de describir las decisiones diarias. Sin la psicología, a la economía le faltan consistencia externa e intuición. Juntas, en cambio, resultan muy esclarecedoras, y nos permiten comprender cómo pensamos, elegimos y decidimos.

El entusiasmo por esta disciplina ha cogido impulso en los últimos diez años. El primer hito fue la concesión del premio Nobel de Economía conjuntamente al psicólogo Kahneman y al economista Vernon Smith. El segundo hito fue la concesión del Nobel de Economía al economista conductual Richard Thaler, que ha expuesto sus contribuciones en su libro *Misbehaving*.

Los economistas conductuales proponen, apoyándose en evidencias procedentes de experimentos, que en el corto plazo somos desproporcionadamente impacientes. Sufrimos lo que, en economía conductual, se llama **sesgo del presente**.

En un experimento, realizado por Amos Tversky y Daniel Kahneman a un grupo de estudiantes se le ofreció escoger entre dos opciones: ciento cincuenta dólares al momento o doscientos dólares en seis meses. Una mayoría significativa escogió los ciento cincuenta que se les ofrecía en ese momento. Y, cuando se les dio a elegir entre cincuenta dólares inmediatos o cien dólares en un año, muchos eligieron los cincuenta dólares inmediatos. Y es que estamos programados para elegir una menor ganancia hoy antes que una ganancia mayor mañana, ya que nuestro modo de pensar es premiar el corto plazo.

Para emprender con éxito, hay que empezar cambiando esa actitud de que todo tiene que salir ya, de que hay que obtener resultados ahora. Y por eso es tan difícil para muchos diseñar estrategias. Va contra nuestra propia naturaleza, y vemos las tácticas mucho más atractivas.

Tener siempre presente tanto la meseta de potencial latente como estos tres sesgos de positividad, presente y *resultadismo* te ayudará a mantener el rumbo con mayor serenidad, tanto si estás en posiciones directivas como si eres emprendedor.

«La estrategia es el arte de hacer uso del tiempo y del espacio. Yo estoy menos preocupado por el tamaño del enemigo que por su movilidad» (Napoleón Bonaparte).

Capítulo 3. La estrategia competitiva

La estrategia tiene parte de arte y parte de ciencia, parte creativa y parte analítica. Las dos son igualmente importantes y las dos se pueden trabajar y perfeccionar. La estrategia no es algo sencillo, ya que, si así fuera, todas las compañías triunfarían. Entre otras, intenta responder a estas preguntas:

- ¿Qué acciones estás realizando? ¿Qué resultados estás obteniendo? ¿Cómo son las comparaciones con tus competidores? ¿Qué necesidades están sin atender que pueden ser rentables para nuestro negocio? ¿A qué cliente en concreto te estás dirigiendo?
- ¿Qué quieres alcanzar? ¿Cómo podemos crear el servicio para cubrir esa necesidad que no está bien resuelta?

Aunque no es ni mucho menos una lista exhaustiva, las primeras preguntas corresponden a la esfera del análisis y las segundas, al ámbito de la creatividad.

Uno sin lo otro no sirve. Necesitas esa combinación de análisis y creatividad para ser capaz de desarrollar una buena estrategia. Necesitas desarrollar la capacidad de explotar y explorar. Explotar los datos adecuadamente para extraer conclusiones de calidad y explorar distintos caminos para evitar hacer lo mismo que hacen todos.

La creatividad, desde el punto de vista empresarial, es el poder de conectar con lo que aparentemente está separado y estar abierto a posibles ideas que ahora mismo no están en el mercado. Creatividad es adoptar un nuevo enfoque en algo que estás haciendo y que ese nuevo enfoque dé resultado.

Fue el científico Henri Poincaré quien plasmó sus conclusiones sobre creatividad en una obra titulada *Creación matemática*, donde explica las cuatro fases por las que pasa todo proceso creativo. Aunque tiene un componente centrado en la resolución de problemas complejos en físicas y matemáticas, es también especialmente útil en estrategia empresarial.

Las cuatro fases por las que pasa todo proceso creativo son:

1. Exposición: consiste en sumergirnos en el problema buscando toda información que pueda ser relevante: exploramos ideas y analizamos datos, pero sin buscar soluciones. Solamente nos exponemos a la información. El objetivo en esta fase es que se generen asociaciones entre elementos

que deriven en nuevas ideas. Cuanta más calidad tengan los datos, más calidad tendrá el proceso.

2. Incubación: esta fase es completamente pasiva, y consiste en dejar que la información a la que nos hemos expuesto comience a madurar, teniéndola presente a lo largo de nuestras actividades e interacciones diarias, relacionándolo con todo lo que vivimos y observándolo desde todos los ángulos. El inconsciente sigue cruzando la nueva información con el conocimiento y experiencias en busca de asociaciones.

3. Iluminación: la exposición y la incubación darán como resultado que las asociaciones que ha hecho nuestra mente inconsciente se hagan conscientes.

Según Neil Gaiman, la gente creativa es la más hábil para detectar esas asociaciones, dado que el umbral en el que se hacen conscientes es más bajo que en los demás.

En esta fase, cuanto mayor sea nuestro conocimiento y experiencia y más trabajo de preparación realicemos, mejores ideas y más éxito tendremos.

4. Ejecución: constituye la última fase, en la que el acto creativo se completa transformando la idea en algo útil.

Esta teoría es la base de todas las técnicas actuales de creatividad aplicadas a la estrategia. En todas las técnicas de ideación primero se pasa por una fase en la que se generan muchas ideas (etapa divergente) y luego por otra de síntesis en donde se seleccionan las ideas más válidas (etapa de convergencia). En las técnicas del *Design Thinking*, este proceso de divergencia y convergencia se realiza dos veces: una primera para pasar por las fases de descubrimiento y definición, y otra para desarrollar y entregar el producto.

Los pensamientos divergente y convergente son los elementos fundamentales de la resolución creativa de problemas. Son partes diferentes del mismo proceso de aportar ideas y pensar qué queremos hacer con ella.

El pensamiento divergente es el proceso por el que surgen nuevas ideas y posibilidades. El pensamiento convergente, por el contrario, se asocia con el análisis, el juicio y la toma de decisiones.

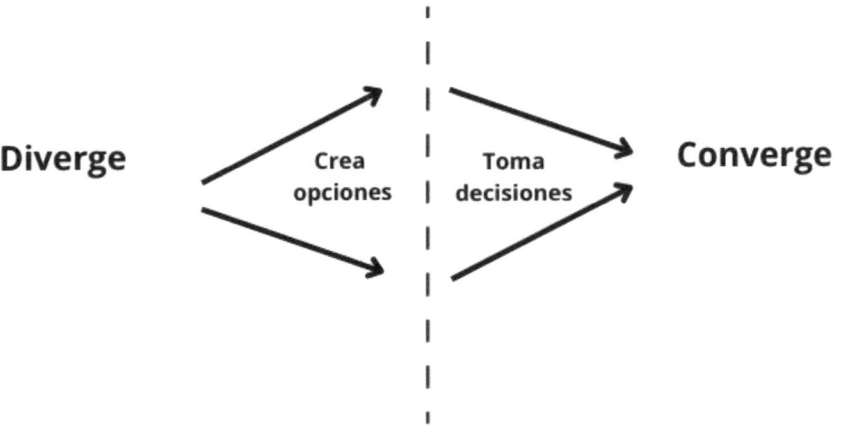

Los temas divergentes pueden incluir cosas como:

- Exploración del horizonte: búsqueda de nuevas posibilidades y oportunidades en un área concreta de la empresa.
- Lluvia de ideas: recopilación del mayor número posible de ideas sobre un problema concreto de nuestra empresa.
- Debates abiertos: debatir cuestiones controvertidas o paradójicas que no tienen una respuesta correcta.

No es objeto de este libro explicar las técnicas empleadas para abordar esto, pero sí que voy a mencionar las dos que más me gusta utilizar:

- *What if* («¿y si?») (*assumption reversal*): esta técnica ayuda a ver desde una perspectiva diferente el problema que se quiere resolver, dado que plantea un cambio del punto de partida sobre cómo se plantea el problema. Por ejemplo, los periódicos gratuitos surgieron de una idea al plantearse la gratuidad de un periódico. El modelo de negocio es totalmente diferente a la prensa tradicional.
- *How Might We*?: permite reformular las dificultades que encuentras sobre un tema realizando preguntas sobre este con el formato «¿cómo podríamos…?», ayudando a sintetizar los retos a los que se enfrenta nuestra empresa. Esta técnica fue desarrollada por Procter & Gamble en los

años 1970. Muy útil para la elaboración de la estrategia.

La creatividad es muy importante en la estrategia porque los indicadores nos ayudan a analizar datos del pasado, pero no hay datos del futuro en un cuadro de mando, así que nuestro modelo analítico de datos sería solo válido si el futuro fuese igual al pasado. Y en los últimos veinticinco años ¿cuántas veces las cosas de futuro han sido idénticas a las del pasado? Las decisiones empresariales basadas solo en datos suelen ser malas porque parten esta premisa.

La creatividad nos ayuda a imaginar una posición mejor, un futuro que ahora no existe, y todas las elecciones necesarias para ir hacia esa posición. Cuando eliminamos a la creatividad de la ecuación, tenemos a todos los competidores haciendo lo mismo y no hay ningún valor diferencial entre ellos, por lo que termina en una guerra de precios, algo similar a lo que ocurre en el sector de transporte aéreo, donde es difícil distinguir a uno de otro.

Modelos

Un modelo es una versión simplificada de la realidad que nos ayuda a comprenderla mejor y poder actuar dentro de ella. Son fáciles de utilizar y nos permiten ahorrar tiempo y recursos. Cuando usamos modelos para la gestión y toma de decisiones, absorbemos el conocimiento que nos proporcionan y actuamos en base a sus principios y reglas, ciñéndonos a un esquema que nos indican los pasos a seguir. Andy Grove, consejero delegado de Intel, atribuyó a los modelos una parte importante del éxito empresarial sosteniendo que «el modelo no te da la respuesta, pero te proporciona un lenguaje y métodos comunes para abordar el problema».

Los modelos proporcionan ayuda a la hora de orientar los procesos de toma de decisiones, alinear los objetivos y garantizar una asignación óptima de los recursos al desarrollar la estrategia. Al trabajar con determinados modelos, las empresas pueden fomentar el compromiso de las partes interesadas, aumentar la motivación, impulsar la responsabilidad y ejecutar los planes con mayor eficacia propiciando un crecimiento sostenible.

Considerando la estrategia en sentido amplio nos encontramos con varios modelos, unos más sencillos que otros, que merece la pena conocer. En función del sector en que te encuentres, del tamaño de la empresa, de su madurez y del aspecto estratégico concreto que quieras abordar, deberás decidirte por uno u otro. Lo único que es importante es que aborden las cuatro áreas más críticas de un negocio: clientes, competidores, mercado y nuestra propia empresa.

Uno de ellos es el modelo EFQM, del que es responsable el Club Excelencia en Gestión. No es un modelo de laboratorio, surgido de despachos de profesores universitarios y teóricos de la empresa. Al contrario, nace y se inspira en las necesidades trasmitidas por los consejeros delegados de pequeñas y grandes empresas, gente con cicatrices en la gestión y plenamente conscientes de los problemas y retos que supone dirigir una empresa. La estrategia aparece como un elemento fundamental en el bloque de dirección. He visto personalmente cómo las empresas que lo aplicaban mejoraban no ya solo sus resultados operativos, sino la cultura de la organización.

Posicionamiento, palanca y enfoque

La «no estrategia» sale cada vez más cara. Tarde o temprano se cumple una maldición: el que no hace estrategia acaba formando parte de la estrategia de otro.

Algo que ocurre con frecuencia es que, con el tiempo, una decisión que parece táctica se convierte en estratégica. Es la eterna tentación, enfocarse en determinadas modas de prácticas empresariales y no en los objetivos principales de la organización. Y esto puede llevar, sobre todo a empresas de reciente creación, a que la táctica sustituya a la estrategia, y entonces el desenfoque comienza a campar a sus anchas.

Utilizando términos militares, se podría decir que con la táctica ganamos una batalla y con la estrategia ganamos la guerra. Estratégico es sitiar o no una ciudad; táctico es qué tropas escoger o dónde colocar los cañones. Táctica consiste en caminar buscando no tropezar, evitando los obstáculos con una perspectiva de pocos metros. Estrategia es volar y ganar altura para ver oportunidades y amenazas, comprobar que vas en la dirección correcta y con aliados adecuados. Por eso se dedica más tiempo a la táctica que a la estrategia, dado que siempre será más fácil caminar que volar.

Sobre estrategia hay infinidad de postulados, versiones y aproximaciones. A mí, personalmente, me gusta tomar como punto de partida la de Richard Rummelt en su libro *Good Strategy Bad Strategy*, aunque parte de sus propios postulados los ha corregido en uno de sus libros posteriores, *The Crux*.

Rummelt argumenta que muchas de las estrategias empresariales que se utilizan hoy en día son, en realidad, meros objetivos o declaraciones de intenciones y no estrategias verdaderas, cosa totalmente cierta.

Sostiene que la estrategia está formada por tres partes: un diagnóstico, una palanca crítica y un conjunto de acciones coherentes entre sí. Es un modelo muy interesante, aunque tiene matices algo académicos y teóricos.

Como lo que nos interesa es un modelo muy aplicable y fácil de comprender, me inclino por contemplar un modelo como el de la triple A, que contiene las disciplinas necesarias para un buen desarrollo y ejecución de la estrategia. Lo representaremos como un triángulo que tiene como vértices a la agudeza, la asignación (de recursos) y la acción.

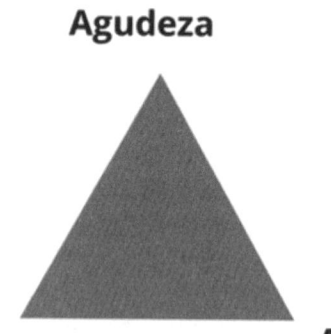

Agudeza, perspicacia o Satori, entendida como la capacidad de relacionar datos y piezas de información sueltas, de buscar conexiones entre todos los *inputs* disponibles para proyectar mentalmente escenarios que mejoren la capacidad competitiva de nuestro negocio. Es ser capaz de escoger la acción adecuada en el momento adecuado y en el sector adecuado. El trabajo de un estratega no es solo recopilar datos y analizarlos, sino imaginar posibilidades y escoger aquellas opciones más atractivas. Se puede y se debe entrenar. Y, de hecho, cuando el pensamiento estratégico es algo que tiene lugar únicamente en las sesiones anuales previas a la elaboración de la estrategia, el hábito de buscar huecos para pensar estratégicamente es suprimido por la urgencia del momento, por la tendencia de «haz mucho y hazlo rápido».

Los analistas de inteligencia de la CIA, tras el atentado del 11-S, reconocieron que el mayor reto en el mundo de la recopilación de inteligencia no se produce en la recogida de datos, sino en establecer las conexiones que generan conclusiones relevantes. Necesitamos información y tendencias del mercado, del entorno y de los grupos de interés, especialmente en tiempo real. Pero eso, por sí solo, no basta. Hay que dar un paso más.

Asignación de recursos (tangibles e intangibles) para las iniciativas estratégicas. La clave para distribuir eficazmente los recursos reside en la capacidad de enfocarse en áreas y actividades concretas, en lugar de repartirlas uniformemente por toda la empresa.

Es bastante frecuente en las empresas tener a los directivos pidiendo más recursos cuando muchas veces ya disponen de todos los necesarios, ocupados con las tácticas tradicionales e improductivas que no añaden valor a los clientes. Cuando cada oportunidad que entra por la puerta recibe recursos, entramos en una espiral peligrosa que tarde o temprano tendrá consecuencias negativas.

Esta tendencia a seguir invirtiendo recursos en actividades improductivas equivale a regalar cuota de mercado a nuestra competencia. Para evitar esto, conviene definir nuestros filtros estratégicos, que no es más que una lista de criterios que cada oportunidad, amenaza, iniciativa o reto debe cumplir para llegar a recibir recursos.

Acción es la ejecución de la estrategia que veremos en el capítulo 8. Es el paso de la teoría a la práctica, y depende de varios factores que interactúan entre sí, como el personal, la cultura, la estructura, la competencia y las prioridades. Se establece a través de los planes operativos y requieren de constante medición para reajustarla cuando sea necesario.

En base a lo anterior, podemos hablar de dos tipos de empresas:

Empresa corriente

1. Reparte su inversión equitativamente para tratar de ganar en todas las áreas de negocio.
2. Atiende a tantos tipos de clientes que le es difícil encontrar información útil y accionable sobre los mismos.
3. Trata de contentar a todos sus clientes generando múltiples opciones.
4. Diseña su estructura organizativa para apoyar los procesos existentes.

Empresa enfocada en la estrategia

1. Invierte en identificar y fortalecer sus habilidades diferenciales, renunciando a invertir en todas las áreas.
2. Se centra en un segmento de clientes, los conoce bien y diseña su negocio alrededor de sus necesidades.

3. Les da a sus clientes exactamente lo que demandan.
4. Diseña su estructura organizativa para apoyar la toma de decisiones críticas.

Visto esto, la pregunta que te surgirá ahora es, si todo el mundo sabe enfocarse, entonces, ¿por qué emprendedores inteligentes siguen desarrollando estrategias difusas?

Pues porque somos humanos, y las nuevas oportunidades son demasiado emocionantes. Es difícil decir que no a según qué modas o tendencias del momento, sobre todo cuando no está claro si ese crecimiento puede ser lineal o exponencial, y al final, se termina con el síndrome del objeto brillante.

Esto sucede cuando una persona se siente tentada a abandonar proyectos prioritarios en marcha para perseguir algo nuevo y aparentemente más emocionante. Y lo habitual es terminar con una falta de enfoque, dispersión de recursos e incapacidad para llevar a cabo los proyectos de manera efectiva.

Se puede decir que la estrategia está pensada para permitirte «hacer» (ejecutar las acciones necesarias para alcanzar nuestros objetivos. Pero antes de hacer, necesitas «decidir», y antes de decidir vas a necesitar «entender» (entorno interno, externo, tendencias, riesgos, prospectiva, etc.). Y finalmente, para poder entender, necesitas «conocer» la realidad sobre la que vamos a actuar con nuestra empresa, que expresaremos en un diagnóstico.

Por tanto, tendríamos cuatro fases: conocer-entender-decidir-hacer. Si solo haces o decides en base a impulsos o corazonadas, ya no estamos hablando de estrategia, sino de otra cosa. Es el error impulsivo de Ray Dalio del que hablamos antes.

Hace años, en una entrevista en la CNBC, Warren Buffet relató una anécdota ocurrida poco después de que él y Bill Gates se conocieran.

El padre de Gates pidió a un grupo de personas reunidas que escribieran en una hoja la palabra que creían que explicaba su éxito. Sin ver lo que escribían los demás, tanto Buffet como Gates eligieron la misma palabra: **foco**.

El enfoque, por tanto, se configura como un elemento clave en el viaje hacia los resultados. El arte de escoger oportunidades y centrarse en ellas se ha convertido en el factor que determina el éxito de una estrategia. Y, para ello, hay que acotar todas las distracciones empresariales que tenemos hoy en día, donde el exceso de información distorsiona la eficacia de nuestras decisiones.

Un principio fundamental en estrategia establece que el crecimiento viene de enfocarse en los objetivos, **no en ampliarlos**. Por tanto, una señal de buena estrategia es saber también decidir qué **no hacer**. Piensa en dónde quieres competir y cómo quieres hacerlo para que puedas ser el mejor, enfocándote mucho en poco. El problema es que, cuando no hay definidas unas metas claras, todo es importante, lo que significa que nada es importante. Es habitual en las empresas con abundantes recursos poner un pie en cada opción.

A este problema se le añade uno también bastante común, y es el carecer de un enfoque lógico que dé coherencia y coordine esas acciones

¿Qué problemas trae todo esto? Que terminamos persiguiendo distintos objetivos que no suelen estar conectados y, muchas veces, entrando en conflicto unos con otros, restando en lugar de sumar.

Ahora bien, vistos estos tres conceptos tan importantes para la estrategia, ¿cómo podríamos mejorar en nuestro pensamiento estratégico? De nuevo, volvemos a la misma base:

- Con formación y entrenamiento. Es el punto de partida para el desarrollo de habilidades de análisis y decisión que requiere la estrategia. Nos ayudará a:
  - Aprender a realizar diagnósticos correctos y objetivos
  - Establecer conexiones entre distintos elementos del mercado y nuestra empresa, antes de tomar una decisión.
  - Aprender a gestionar el apetito por el riesgo de una forma sensata.
  - Conocer herramientas, principios y metodologías.
- Con información, para tener conocimiento de la realidad sobre la que se va a actuar. Necesitaremos tener claramente identificados los medios, canales, foros,

autores y referencias que utilizaremos para estar al día de tendencias en nuestro sector, así como las tendencias globales que más nos influyen. Es muy conveniente tener una red sólida de contactos que nos permita el acceso a distintos grupos de profesionales para exponernos a otras corrientes de pensamiento estratégico, con el fin de contrastarlas con nuestras propias ideas y desarrollar otras nuevas.

Unos pocos privilegiados nacen con este talento natural, con esa capacidad de análisis, esa perspicacia y capacidad de anticipar. Pero muchos de los grandes consejeros delegados, empresarios y estrategas lo han sido porque han estado obsesionados con mejorar estas habilidades, y no han escatimado en esfuerzo y formación.

Hay un principio en programación llamado GIGO (*garbage in, garbage out*) que explica por qué los *inputs* importan tanto. Significa «basura dentro, basura fuera», y viene a decir que, si se introducen datos erróneos en un algoritmo, siempre se obtendrá un mal resultado, por muy bueno que sea el algoritmo.

Lo mismo ocurre con la estrategia: si nuestros análisis del mercado son mediocres y poco precisos, la estrategia no será eficaz, por muchos marcos de referencia y modelos que conozcamos.

Veamos un ejemplo donde se muestra la importancia de saber interpretar correctamente el entorno.

Después de años trabajando en temas tecnológicos, la estadounidense Allison Esposito se dio cuenta de que no tenía muchas compañeras del sector, con lo que decidió lanzar una comunidad que agrupase a mujeres de sus mismos intereses e inquietudes que llamaría Tech Ladies. De esta forma, Allison empezó a agregar a cientos de mujeres cada semana. Y lo hizo sin gastar absolutamente nada en publicidad, creciendo de forma orgánica, con el boca a boca de su comunidad.

Tras alcanzar unas cotas de crecimiento bastante altas decidió, con el apoyo de una consultora, redefinir su negocio y establecer dos modelos que coexistirían a la vez:

- , Una comunidad gratuita, con acceso a una bolsa secreta de trabajo.
- Una comunidad de pago, para crear una red de alto valor para las mujeres que necesitaran ayuda más personalizada.

Mientras que la comunidad gratuita (con más de 150 000 mujeres) le sirve para aumentar su alcance, la membresía de pago es su fuente principal de ingresos. Esta última cuenta con alrededor de 1200 miembros y factura más de un millón de dólares al año.

Allison supo aprovechar también una tendencia del entorno: desde la pandemia, las visitas a las comunidades online habían aumentado notablemente. De hecho, este mercado de comunidades más exclusivas ha estado creciendo a una tasa anual en torno al 15 %. Y lo hizo centrándose únicamente en la necesidad de ese nicho, con un único servicio que ha ido mejorando con el paso del tiempo.

En busca de la estrategia perdida

En el análisis estratégico, uno nunca resuelve un problema sencillo donde la solución es única y hay unanimidad entre todos sobre la necesidad de aplicarla. Para esto no hace falta estrategia. Cuando hablamos de estrategia hablamos de opciones. Y, según la opción que sigamos, requeriremos más o menos recursos, más o menos riesgo, distintas alianzas y acciones concretas. Y habrá gente que se vendrá con nosotros y gente que nos dará de lado.

Para desarrollar e implementar una estrategia en una organización, lo primero es ser capaces de hablar el mismo idioma.

El problema es que, muchas veces, las palabras «estrategia» y «estratégico» se usan de forma incorrecta, para aludir únicamente a decisiones realizadas por mandos directivos de alto nivel.

Por otro lado, también se asocia erróneamente a una referencia o guía, a modo de estrella polar, desvinculándolo por completo de cualquier tipo de implementación y asemejándolo, únicamente, a la fijación de metas y objetivos. Esto es demasiado académico.

En otras ocasiones, lo vemos equiparado a conceptos como ambición, liderazgo, visión o planificación; aunque están relacionados, no es nada de eso.

Hasta mediados del siglo pasado, buena parte de lo que se atribuye ahora a la estrategia se clasificaba simplemente como *management*. Así pues, no es de extrañar que a muchas empresas les cueste definir lo que es la estrategia y crear una que sea útil; no hay ninguna definición única, clara y universal.

Tenemos que empezar a ver la estrategia como una serie de acciones conectadas que proporcionan una respuesta cohesionada a un reto importante, más que como un conjunto de planes aislados. Como sostiene Roger Martin, una estrategia describe siempre dos factores: **dónde** vamos a competir y **cómo** vamos a ganar.

El **dónde** se centra en delimitar los mercados en los que competirá la empresa, con qué clientes y consumidores (hombres/mujeres, nivel de ingresos, edad, etc.), qué canales vamos a utilizar, en qué categorías de productos y en qué fase vertical del sector centraremos nuestros esfuerzos.

La decisión de **cómo** está íntimamente ligada a la de dónde competir y alude a factores como precio, calidad, servicio o facilidad de uso, entre otros.

Además del dónde y el cómo hay también dos cuestiones que dimanan del seno de la estrategia y que son cruciales: las capacidades y competencias necesarias y los sistemas de gestión para respaldar las decisiones estratégicas.

No podemos olvidar que las decisiones derivadas de la estrategia implican asumir un cierto riesgo, dado que estamos lidiando con un futuro incierto y complejo. Prepararse estratégicamente requiere tiempo y mucho esfuerzo. Los mejores estrategas saben que, dado que en más de una ocasión no acertaremos en la decisión, la reacción es tan importante como la planificación.

Por eso, evitar el riesgo no es el principal objetivo de una empresa. Es necesario asumir riesgos para poder aprovechar los beneficios de algunas decisiones. No hacer nada es muchas veces más peligroso que asumir riesgos controlados. Como reza el dicho, «la seguridad es buena para las aceras y las piscinas, pero la vida requiere riesgos si queremos llegar a algún lado».

Nassim Taleb, en su libro *El cisne negro*, afirma que la gente tiene una visión del riesgo errónea, lo que significa que asumen riesgos que subestiman y evitan riesgos que sobrevaloran. Este hábito, que ya es malo de por sí, se ve incrementado por la falta de información, temores propios de cada uno y tendencias de nuestro entorno más inmediato.

Para convertirte en un buen estratega, tienes que empezar por ti mismo, por la forma en que analizas las situaciones. Comienza por entender cómo una cosa lleva a la otra, busca las causalidades entre acciones, resultados y tendencias. Desarrolla el hábito de prestar atención a dónde estás, qué pasa en tu entorno y cómo las tendencias crean oportunidades que te pueden ayudar a llegar a tu destino. Para elaborar una estrategia conviene hacer esfuerzos para:

- Intentar pronosticar las cosas que **van a cambiar** en los próximos años.
- Identificar aquellas que son estables en el tiempo y **no cambiarán**. Dice Jeff Bezos: «en nuestro negocio, sabemos que los clientes quieren precios bajos y sé que eso seguirá siendo cierto dentro de diez años. Quieren, además, entregas rápidas, quieren una gran selección, y eso no cambiará».

La gestión del cambio es crítica para un buen estratega. Eric Hoffer apuntaba lo siguiente: «en tiempos de cambio, quienes estén abiertos al aprendizaje se adueñarán del futuro, mientras que aquellos que creen saberlo todo estarán bien equipados para un mundo que ya no existe». En una organización que aprende, los problemas se detectan, se comunican y se interpretan, retroalimentando la estrategia y adaptando los planes. No tener en cuenta el cambio en la estrategia es como pretender conducir un coche sin ruedas. Los estrategas que no dedican tiempo a pensar son, simplemente, planificadores.

La estrategia tiene que ver con tener claro qué hacer, dónde ir, cómo y cuándo, así como decidir claramente qué no vamos a hacer. La estrategia no es un documento que se redacta y se archiva. Es continua, creativa y adaptativa. La estrategia tiene como objetivo dar forma al futuro, articulando cuatro preguntas:

1. ¿Qué **queremos** hacer con nuestra empresa? Esta respuesta establecerá el propósito, lo que queremos conseguir.
2. ¿Qué **creemos** (y aquí se conjuga un factor subjetivo y otro objetivo) que es posible? Lo veremos en el capítulo de diagnóstico, pero consiste en analizar las oportunidades disponibles en el mercado y contrastarlas con nuestros recursos actuales para articular el plan de acción.
3. ¿Qué **necesitamos** para alcanzar nuestros objetivos? ¿Cómo lo vamos a hacer? Incluye los movimientos necesarios para alcanzar las metas de la organización, como recursos tangibles e intangibles, la estructura y procesos de la organización, el estilo de liderazgo, así como los productos y servicios que ofreceremos al cliente.
4. ¿**Cuándo** deberíamos reaccionar a las nuevas oportunidades y adaptar nuestros planes? Cuando diseñamos nuestras iniciativas y nos enfocamos en el propósito, no sabemos realmente qué es lo que va a pasar, cómo va a evolucionar el mercado y cómo de completa y exacta es la visión que hemos definido. Es fundamental estar especialmente atentos al mercado y a sus giros y caprichos, para mover el timón

cuando sea necesario y evitar, así, encallar en las rocas. Veremos en el capítulo once la importancia del *timing*.

Hay muchas formas de explicarla, y muchos ángulos para entenderla, pero la esencia es siempre la misma. La estrategia es un pensamiento disciplinado que exige tomar decisiones difíciles y que se resume en mejorar nuestra posición en el mercado.

No son ejemplos de estrategias:

- Crecer un 10 % para el año siguiente.
- Aumentar la cuota de mercado.
- Incrementar un 10 % o más los beneficios por acción.
- Vencer al competidor X.

La estrategia no se trata tampoco de una hoja de ruta, sino más bien de un conjunto coordinado e integrado de decisiones sobre:

1. **Dónde competir**: a qué segmento de clientes nos dirigimos, qué categoría de productos o servicios ofreceremos, qué canales de distribución utilizaremos.
2. **Cómo mejoraremos nuestra posición en el mercado**: qué formula vamos a utilizar, qué camino vamos a seguir, es decir, qué productos o servicios lanzaremos, qué publicitaremos, dónde lo haremos, cómo comunicaremos, etc.

Para decidir lo anterior deberemos tener claro:

3. **Qué capacidades** y competencias utilizaremos para tener éxito. Si no disponemos de las capacidades y son necesarias para ejecutar nuestra estrategia, deberemos buscar socios o aliados.

4. **Con qué sistemas** de gestión implantaremos nuestras decisiones.

Fija en tu memoria estos cuatro conceptos y tendrás una clara idea de lo que es la estrategia, y estarás por delante de muchos directivos que confunden, año tras año, estrategia con objetivo, con meta, o con planificación estratégica.

R. Martin utiliza el ejemplo de un pequeño agricultor para aclarar el concepto. Tiene que responder a una serie de preguntas para aclarar su estrategia. ¿Venderá solo a nivel local, a vecinos y amigos o quizás tratará de afiliarse a una cooperativa con mayor presencia geográfica? ¿Qué frutas y verduras cultivará? ¿Venderá productos orgánicos u ordinarios? ¿Venderá cestas con fruta sin procesar, o convertirá las manzanas en zumo antes de venderlas? ¿Venderá directamente a los consumidores o lo hará a través de un almacén intermediario? Si procesa la fruta para fabricar zumo, ¿lo hará él mismo o externalizará esa fase de la producción?

Deberá decidir dónde va a competir para poder elegir territorios, segmentos de clientes, productos, canales y opciones de producción que encajen (por ejemplo, vendiendo verduras orgánicas en mercados locales o procesando la fruta para venderla en todo el país, minimizando el desperdicio).

Hay muchas razones por las que las organizaciones no dedican tiempo a reflexionar antes de planificar el trabajo, pero la justificación más frecuente es la falta de tiempo. Esto lo he visto tanto en *startups* como en empresas ya consolidadas, en las que el equipo está tan ocupado organizando, ejecutando y apagando fuegos que no pueden permitirse el lujo de dar un paso atrás para pensar, reflexionar y analizar.

No obstante, hay empresas que sí se molestan en diseñar una buena estrategia, identifican sus factores críticos de éxito y realizan acciones coordinadas y coherentes entre sí. Vamos a ver algunos ejemplos de empresas muy conocidas.

Objetivos similares, estrategias diferentes

Zara ha logrado destacarse en el mercado mundial gracias a su brillante estrategia de moda rápida. La empresa se enfoca en lanzar colecciones de ropa actualizadas constantemente, en pequeñas cantidades y a precios asequibles, lo que le permite mantenerse al día con las últimas tendencias y adaptarse rápidamente a los cambios en el mercado. Además, ha logrado crear una experiencia de compra única, al diseñar sus tiendas de manera que los clientes se sientan como si estuvieran en una *boutique* de semilujo. En su cadena de valor, cobra importancia la actividad de detectar e interpretar las tendencias de la moda y los gustos de los clientes, y cuenta con un departamento de observadores repartidos por las discotecas de Nueva York, las zonas comerciales de París, los bares y lugares de moda de España, etc. A este rastreo de tendencias se le llama **test de mercado al público objetivo** y es un elemento fundamental en su estrategia. Otra de sus líneas de acción es la renovación constante de stock que cambia en un 40 % todas las semanas, llegando nuevas remesas de ropa a las tiendas cada tres días. Todo esto, incardinado en una integración vertical del proceso de diseño, fabricación y distribución, lo que agiliza enormemente los plazos de entrega.

Mercadona tiene una política de operaciones basada en gestionar proveedores que puedan ofrecer las mejores calidades, apostando preferentemente por los nacionales. Además, tiene un sistema de distribución y operaciones extremadamente eficaz, lo que posibilita reducir los gastos y precios que se trasladan al consumidor.

Por otro lado, es de las pocas compañías del país que, para determinar su estrategia de mercado, dispone de un comité formado por clientes, proveedores y empleados, lo que le permite conocer muy claramente sus necesidades y articularlas en líneas de acción convenientes para todos ellos. Al involucrar a todas las partes interesadas en el proceso de toma de decisiones, Mercadona ha logrado establecer una conexión significativa con su base de clientes y fortalecer relaciones sólidas con sus proveedores y empleados, fomentando así la lealtad y la confianza en su marca y creando un ciclo de retroalimentación para mejorar continuamente su oferta y servicios.

Para obtener una buena experiencia del cliente, su estrategia pasa por conseguir una alta satisfacción de sus empleados. Para esto, tienen un contrato indefinido, perciben salarios muy por encima de la media del sector y reciben formación permanente por parte de la empresa, a fin de que puedan hacer su trabajo de manera eficiente.

En Estados Unidos (y, desde hace unos años, también en Madrid) tenemos otro supermercado de mucho éxito y con casi los mismos objetivos, pero una estrategia diferente: es el caso de Costco, que, al igual que Mercadona, se especializa en la venta de productos a precios muy competitivos.

Uno de los principales motivos del éxito de Costco es su modelo de membresía, que le permite ofrecer precios más bajos a sus clientes y, a la vez, aumentar su la lealtad. Sus miembros pagan una cuota anual para tener acceso a las tiendas y a los productos a precios mayoristas. Igual que Mercadona, tiene una estrategia de bajo margen de beneficio, cargando a sus productos solo el margen suficiente para mantener su estructura operativa. Otro factor importante de su éxito es su enfoque en la calidad de los productos y su compromiso con la satisfacción del cliente. Costco tiene una política de devolución sin preguntas, lo que significa que los clientes pueden devolver cualquier producto, en cualquier momento, por cualquier motivo.

Por último, también ha sido innovador en su estrategia de *marketing*, enfocándose en publicidad boca a boca y en la creación de una comunidad en torno a la marca. Han sido reconocidos por su ética empresarial y por su compromiso con la responsabilidad social, lo que ha generado una buena imagen entre sus consumidores.

Y ahora es cuando nos preguntamos, con unos márgenes tan reducidos sobre gastos, ¿cómo obtiene beneficios? Del dinero que ingresan por las cuotas anuales. De hecho, cuenta con más de 98 millones de miembros en todo el mundo. Una membresía *Gold Star* cuesta sesenta dólares al año, mientras que una membresía ejecutiva asciende a ciento veinte dólares, con aproximadamente el noventa por cierto de las personas renovando cada año.

Todo esto pone de manifiesto que, en el mismo sector y con objetivos similares, puedes desplegar estrategias diferentes y obtener excelentes resultados con ambas.

«Si no puedes explicar la estrategia de tu empresa en menos de diez palabras, no tienes una estrategia clara» (Jack Welch).

Capítulo 4. Diagnóstico

El proceso de diagnóstico estratégico se asemeja al del ámbito sanitario, en donde el médico realiza pruebas diagnósticas para recopilar datos relevantes, evalúa los síntomas y analiza los resultados de las pruebas para comprender la naturaleza y la gravedad de la enfermedad.

Esto le permite llegar a una conclusión, definir los objetivos terapéuticos y pautar las mejores opciones de tratamiento. En este contexto, el médico se convierte en un estratega que evalúa los factores de riesgo, las causas subyacentes de la enfermedad y los posibles desafíos para la salud del paciente. Si no hiciese este diagnóstico sería, más bien, un curandero. Lo mismo sucede en el mundo empresarial.

Un buen diagnóstico de la situación nos permitirá:

- Identificar preferencias en los clientes.
- Identificar oportunidades en nuestro sector.
- Identificar operaciones de la competencia.
- Identificar tendencias del mercado y definir estrategias de negocio.

- Identificar qué acciones no producen efectos positivos y se pueden eliminar.

Estas son algunas de las preguntas que debes hacerte:

- ¿Es tu mercado simple o complejo? ¿Son sus reglas estables, dinámicas o caóticas?
- ¿Cómo de buenos o malos son los resultados de la competencia?
- ¿Son los recursos escasos o abundantes?
- ¿Hay algún vacío del que podamos aprovecharnos?

Siempre he insistido en la necesidad de analizar detenidamente los resultados pasados, para poder comprobar cuáles vienen realmente de tendencias y cuáles derivan de movimientos estratégicos de la empresa. Esto nos ayuda a contextualizar y poder *estacionalizar* los resultados. Disponer de este conocimiento es fundamental para tener una visión certera de la realidad de nuestra empresa.

Esto tiene que ir acompañado de una revisión exhaustiva de lo que hace la competencia, para poder diferenciarte en lo que te interese y encontrar en qué están fallando.

Frente a las nuevas tendencias del mercado, debemos verificar las decisiones que hemos tomado, y revisar que sean apropiadas al momento actual y que no estén cediendo a un sesgo de dependencia del camino habitual. Las inercias son peligrosas y es importante cuestionarlas porque el pasado no siempre es una buena referencia. Hay que evitar la

falacia del costo hundido (también llamada falacia del Concorde).

Esta falacia se refiere a la tendencia que tenemos a seguir adelante con una acción, incluso cuando los costes realizados son ya irrecuperables. Es muy perjudicial, dado que nos puede llevar a seguir invirtiendo en estrategias que no están funcionando adecuadamente, simplemente porque hemos invertido recursos en ellos, en lugar de evaluar objetivamente si es viable continuar con la inversión.

Un ejemplo de esto ha sido la empresa BrainSINS, que, tras once años de aventura empresarial relacionada con tecnologías de comercio electrónico, no **ha sabido saber cuándo parar.** Uno de sus fundadores, José Carlos Cortizo, declaraba: «en algún punto del camino tendría que habernos saltado un indicador de que nos estábamos saltando nuestros propios límites. El problema es que nunca llegamos a definirlos con tanta claridad. Hemos estado estos últimos 3 años viendo cómo el sol de nuestro proyecto se apagaba y, más concretamente, el último año y medio inmersos en un concurso de acreedores».

Aunque el papel lo aguanta todo, disponemos de recursos limitados, y casi siempre se terminan agotando antes de lo planeado, sobre todo en los primeros años de la empresa. Es fundamental estar convencidos, con datos y argumentos, de que el sector del mercado donde vemos la oportunidad tiene el suficiente valor para que merezca la pena invertir dinero y tiempo. Si tienes presente esta limitación real de recursos, ya estás por delante del resto de personas que quieren emprender, pero que continúan hipnotizados por su proyecto de empresa y no consiguen ver más allá.

Si no estás dispuesto a dedicar tiempo y esfuerzo a realizar este apartado de análisis interno y externo correctamente, es muy probable que sigas la trayectoria de una peonza, girando sin rumbo a mucha velocidad hasta que se le acaba la energía y termina en el suelo. Y la experiencia demuestra que no es suficiente con un ejercicio mental, sino que hay que plasmarlo en papel.

Este análisis vamos a dividirlo en dos partes, externa e interna.

Análisis interno de la empresa: cadena de valor

Para el análisis interno, distinguiremos entre:

- Debilidades: puntos que tienes que mejorar por no estar al nivel que te permita ser más competitivo en el mercado.
- Fortalezas: puntos en los que realmente eres bueno y tienes que potenciar para seguir siendo mejor. Nos da cierta ventaja sobre nuestros competidores.

Este análisis describe tu situación actual a nivel interno, es decir, cómo está tu negocio a nivel de beneficios, de equipo, de *marketing* y de crecimiento, entre otros. Viene a ser una evaluación profunda de los recursos, capacidades, competencias y debilidades de la empresa, con el fin de identificar carencias y palancas en las que apoyarnos. Para realizar este análisis, vamos a seguir tres pasos:

1. **Identificar los recursos**: realizaremos un inventario de los recursos que tiene nuestra empresa. Distinguiremos entre:
   - o Recursos tangibles: son los recursos que puedes *tocar*, tanto físicos (máquinas, equipos informáticos, instalaciones, etc.) como financieros (dinero disponible, derechos de cobro o líneas de financiación).
   - o Recursos intangibles: son recursos que no puedes tocar, como recursos humanos (el conocimiento y saber hacer de tu equipo), marca (prestigio y autoridad de tu empresa) o tecnología (herramientas utilizadas en tus procesos de trabajo).

   La forma en la que los trabajadores invierten su tiempo dentro de la empresa es el más intangible de todos los recursos y, sin embargo, uno de los más importantes. Robert Kaplan decía: «siempre recomiendo a los directivos que durante una semana lleven un estricto control de a qué dedican cada hora de su día (revisión de la estrategia, desarrollo de negocio, gestión de personas, etc.). Los resultados son siempre bastante negativos, descuidando casi siempre la estrategia y mostrando una gran desconexión entre lo importante y prioritario para la empresa y la forma en que invierten sus horas».

2. **Analizar las capacidades y fortalezas**: una vez identificados los recursos, vamos a analizar cuáles y cómo se traducen en capacidades que permiten a nuestra empresa tener un mejor desempeño que el de sus competidores, es decir, conocer nuestra ventaja competitiva. No todos los recursos se traducirán en ventajas competitivas.

3. **Identificar las debilidades**: podrían ser procesos ineficientes, falta de tecnología actualizada o falta de capacitación en el personal.

Al finalizar este análisis interno, tendremos los elementos de juicio necesarios para poder desarrollar una estrategia más efectiva.

Hay un ejemplo actual con el que quedan muy claros algunos de estos conceptos.

En el 2023, OpenAI tiene una posición dominante en el mercado de los LLM (*large language models*), destacando GPT-4 por encima del resto. En estos momentos, para competir con GPT-4 hacen falta tres elementos: un conjunto de datos muy pulido, una infraestructura de *hardware* muy costosa y un equipo con el *know-how* específico para entrenar estos grandes modelos. Los dos primeros elementos se consiguen con dinero. El tercero es su ventaja competitiva y es lo único que hoy supone un verdadero valor diferencial, pues son muy pocas las personas que han estado expuestas y saben afrontar un reto así.

OpenAI es plenamente consciente de sus recursos y capacidades, pero también sabe que su situación privilegiada no durará mucho tiempo, ya que el conocimiento valioso siempre tiende a expandirse, y cada vez más personas tendrán ese *know-how* necesario. Consciente de eso, su presidente, Sam Altman, ha optado por presionar a gobiernos y organizaciones para que se establezcan normas regulatorias de la inteligencia artificial. Es una respuesta para preservar su papel dominante en el mercado ante una amenaza del entorno, y lo ha hecho sosteniendo que los modelos, a partir de ciertas *capacidades* (algo difícil de establecer y medir), deberían requerir una licencia de explotación, lo cual limitaría cualquier iniciativa *open source* al respecto y pondría palos en las ruedas a sus futuros competidores.

LA CADENA DE VALOR

La cadena de valor es un modelo conceptual que permite analizar y descomponer una empresa en sus actividades clave, para entender cómo se relacionan entre sí y crean valor para el cliente. Fue desarrollado por Michael Porter y es una herramienta de análisis estratégico que te ayuda a descubrir tu ventaja competitiva.

La cadena de valor se compone de dos tipos de actividades: las actividades primarias y las actividades de soporte. Las actividades primarias están directamente relacionadas con la creación y entrega del producto, y suelen incluir la logística de entrada, las operaciones, la logística de salida, el *marketing* y las ventas, así como el servicio posventa.

Por otro lado, las actividades de soporte son aquellas que proporcionan el apoyo necesario para llevar a cabo las actividades primarias, y suelen incluir la infraestructura de la empresa, la gestión de recursos humanos, el desarrollo tecnológico y la gestión de compras.

En la cadena de valor cada actividad está interconectada y puede afectar a la calidad y al valor del producto o servicio final que estamos ofreciendo en nuestra empresa.

¿Por qué introduzco este concepto de la cadena de valor? Porque, al analizarla, nuestra empresa puede identificar más fácilmente oportunidades para mejorar su eficiencia y competitividad. Al desglosar la cadena de valor en sus componentes, vamos a tener una visión más clara de su funcionamiento interno, y nos permitirá tomar decisiones informadas, mejorando el desempeño de nuestra empresa.

Porter señaló que es difícil extraer una ventaja competitiva fuerte y sostenible de una sola capacidad (ya sea tener un excepcional equipo de ventas o la mejor tecnología del sector), sino que debe extraerse de un conjunto de capacidades que encajan entre sí (es decir, que no entran en conflicto) y que se refuerzan mutuamente (que se hacen más fuertes de lo que serían en solitario).

Si tenemos una empresa de servicios de consultoría, podemos descomponer su cadena de valor en diferentes actividades, como la captación de clientes, la planificación de ventas y la ejecución de proyectos, entre otras. Cada actividad puede tener subprocesos adicionales que crean valor para el cliente, como la gestión de relaciones con clientes y la formación del equipo de consultores. De esta forma, podemos analizar cada actividad y encontrar formas de optimizarlas. Dependiendo de si nos falla la captación de clientes o la ejecución de proyectos, las soluciones requerirán enfoques totalmente distintos.

Si, por el contrario, hablamos de una empresa de comercio electrónico, podemos descomponer su cadena de valor en diferentes actividades, como la adquisición de productos, la gestión de inventarios, la publicación de productos, la gestión de pedidos, los envíos y la atención al cliente. Cada actividad también puede tener subprocesos adicionales que crean valor para el cliente, como la personalización del sitio web y la gestión de campañas de promociones especiales.

Es importante no cometer el error de identificar qué haces bien e intentar crear una estrategia acorde. Esto tiene un riesgo, dado que lo que ahora se te dan bien podría ser irrelevante para el mercado y no aportarte ninguna ventaja competitiva. En lugar de empezar por las capacidades y de buscar formas de aprovecharlas, es más recomendable empezar fijando en qué mercado vas a competir y cómo vas a hacerlo. A continuación, valoraremos cómo nuestras capacidades contribuyen a esas decisiones.

Hace ya cuatro años colaboré con una escuela de negocios ubicada en Madrid que, si bien disponía de muy buenos profesores, el módulo de prácticas que ofertaba no terminaba de satisfacer a sus alumnos, lo que quedaba constatado en sus encuestas de satisfacción y en el decreciente número de alumnos matriculados. Necesitaban buscar formas de mejorar esta fase de prácticas y llevarlo al nivel de profesionalización que demandaban los alumnos. La solución que se propuso fue desarrollar un plan de alianzas con organizaciones clave para la realización de estas prácticas y una redefinición de su plan de comunicación, de tal forma que estuviese más alineado con las organizaciones con las que pretendía establecer alianzas. Para ello, analizando prácticas de éxito de países anglosajones, recurrimos a lanzar un piloto de *mastermind* con los profesores del máster y con directivos de las empresas con las que se establecieron alianzas. Tuvo más éxito del esperado y, al final, cobró vida propia como otra línea de negocio independiente.

En este caso, su cadena de valor podría desglosarse de la siguiente manera:

Actividades primarias:

- Diseño y desarrollo de programas académicos y planes de estudio para los estudiantes.
- Admisión y selección de estudiantes adecuados para los programas.
- Docencia y entrega de cursos y programas.
- Evaluación de estudiantes y otorgamiento de grados y certificaciones.
- Servicio de colocación laboral para los estudiantes.
- Investigación y desarrollo de nuevos programas y cursos.

Actividades de apoyo:

- Gestión de recursos humanos y contratación de personal docente y administrativo.
- Adquisición de tecnología y equipos necesarios para la enseñanza y el aprendizaje.
- Promoción y *marketing* de la escuela y sus programas.

La cadena de valor no es un concepto teórico para rellenar huecos en aburridas clases de negocios. La cadena de valor es muy útil para la elaboración de la estrategia, y nos ayuda a crear el máximo valor para el cliente ajustando costes.

Análisis externo: cinco fuerzas de Porter y PESTEL

Vamos ahora con una parte crítica para el desarrollo de la estrategia.

El análisis externo se enfoca en comprender las peculiaridades del entorno en el que se mueve nuestra empresa, tanto a nivel macro como micro, identificando las oportunidades y amenazas que nos pueden afectar. A diferencia de los factores internos, que son característicos de cada empresa, los externos nos afectan a todos.

Imagínate una carrera de cien metros lisos. Los factores internos serían aquellos que nos ponen unos metros por delante o por detrás de otro competidor. Los factores externos, en cambio, serían tener viento de cara, un calor extremo o una pista resbaladiza, entre otros.

Una oportunidad es una situación que nos beneficia, como por ejemplo que el producto se ponga de moda porque un personaje conocido lo utiliza, o que seamos los primeros en lanzarlo en nuestro país.

Las amenazas, por el contrario, son situaciones que nos perjudican, como que nuestro producto sea muy fácil de copiar o que una ley lo declare ilegal o lo someta a regulaciones muy extremas.

Para realizar un análisis externo de la organización, es común utilizar herramientas como el análisis

PESTEL o el de las cinco fuerzas de Porter, explicadas a continuación.

LAS CINCO FUERZAS DE PORTER

Según Porter, el trabajo de un estratega es entender y enfrentarse a sus competidores. Sin embargo, muchas veces se define el término competidor de forma incorrecta, como si solo estuviesen incluidos los competidores directos en el momento actual. Pero hay muchos más elementos a tener en cuenta, entre ellos, los siguientes:

La **amenaza de nuevos entrantes**, que representa la posibilidad de que nuevos competidores entren en el mercado y amenacen la posición de nuestra empresa. Cuanto más fácil sea para los nuevos entrar en el mercado, más alta será la amenaza. Por ejemplo, en el sector aéreo, si una nueva compañía aérea quiere entrar en el mercado, deberá afrontar altos costes de entrada, ya que tendría que invertir en aviones, personal, infraestructura y publicidad, y competir con jugadores establecidos como Iberia, Air Europa, Vueling, etc. No obstante, si tenemos una empresa de diseño de páginas web, servicios de *copywriting*, o de gestoría, la barrera de entrada será menor, dado que solo requerirá para empezar una página web de lanzamiento y un posicionamiento en Google. La amenaza de nuevos entrantes, por tanto, será mucho mayor.

La **rivalidad entre competidores existentes** hace referencia a la intensidad de la competencia en el mercado. Si somos muchos los competidores en el mercado, la rivalidad será alta, y puede ser difícil para nuestra empresa diferenciarse y ganar cuota de mercado. Un ejemplo de esta fuerza puede ser la industria de los teléfonos móviles. Samsung y Apple han estado compitiendo por clientes en este mercado desde hace años, lanzando nuevos modelos y mejoras para mantenerse por delante del otro.

Otro ejemplo de rivalidad entre competidores existentes lo vemos en la industria de servicios de *streaming* de música. En este sector, empresas como Spotify, Apple Music y Amazon Music compiten por ganar y retener suscriptores. Estas compañías ofrecen bibliotecas extensas de música bajo demanda, listas personalizadas, recomendaciones y características exclusivas para atraer a los usuarios. La rivalidad se manifiesta en la competencia por obtener los derechos de *streaming* exclusivos de los grupos más populares, lanzar funciones innovadoras y ofrecer planes de precios atractivos. Las empresas también compiten por la experiencia del usuario, a través de interfaces cada vez más intuitivas, calidad de sonido y compatibilidad con diferentes dispositivos.

La **amenaza de productos o servicios sustitutos** se refiere a la posibilidad de que los clientes recurran a productos o servicios alternativos distintos de los ofrecidos por nuestra empresa. Cuanto más fácil sea para los clientes encontrar estos productos o servicios alternativos, más alta será la amenaza.

Un ejemplo de esta fuerza puede ser la industria de los taxis. Con la aparición de servicios de transporte alternativos en los últimos años como Uber y Cabify, los consumidores tienen otra alternativa a la de los taxis tradicionales. Esto ha creado una amenaza sustancial para los taxistas, quienes ahora se enfrentan a una disminución en la demanda de sus servicios. Y es que, en mi opinión, los de Uber han hecho algo que los taxistas nunca se han molestado en hacer: escuchar a sus clientes y darles lo que pedían.

Pero fíjate que todavía se puede llevar más al límite. Este podría ser el caso de las videollamadas y conferencias en línea, como sustitutos de los viajes de negocios. Antes de la pandemia, las empresas solían invertir en viajes para realizar reuniones presenciales, pero, ahora, con el avance de la tecnología, las videollamadas y conferencias virtuales se han vuelto más populares y eficientes, ofreciendo una alternativa conveniente y rentable. Esto supone una amenaza para las empresas de transporte y hostelería, que dependían de los viajes de negocios como una fuente importante de ingresos.

El **poder de negociación de los clientes** se refiere a la capacidad de los clientes para influir en los precios y la calidad de los productos o servicios que ofrecemos. Si los clientes tienen un gran poder de negociación, pueden exigirnos precios más bajos y una mejor calidad, lo que podría reducir la rentabilidad de la empresa.

Un ejemplo de esta fuerza puede ser la industria de los supermercados. Los grandes supermercados (lo hemos visto antes con el ejemplo de Mercadona) tienen un gran poder de negociación con los proveedores, debido a su tamaño y volumen de compras. Si un proveedor no cumple con los requisitos de precio o calidad, un supermercado puede cambiar fácilmente a otro proveedor que ofrezca mejores condiciones. Esto, obviamente, terminará siendo perjudicial para los proveedores, ya que pueden perder importantes contratos de ventas.

Aquí no puedo evitar traer a la memoria los pequeños pueblos de Galicia, donde pasé algunos años de mi infancia. En muchos de los pueblos pequeños dispersos en las Rías Altas había miles de costureras que prestaban sus servicios a Zara, cuando todavía no era el imperio que es hoy. En este caso, Zara, que era su cliente, tenía un gran poder de negociación sobre estas costureras, dado el elevado número de pedidos que les realizaba mes a mes.

El **poder de negociación de los proveedores** se refiere a la capacidad de los proveedores para influir en los precios y la calidad de los insumos que necesita nuestra empresa para operar. Si los proveedores tienen un gran poder de negociación, pueden aumentar los precios y disminuir la calidad de los insumos, lo que afectaría negativamente a la empresa. Y aquí sirve como ejemplo el de una empresa con la que tuve una colaboración puntual, hace ya bastantes años, cuando residía en Vigo.

Se trataba de Citroën. Un ejemplo del poder de negociación de proveedores podría ser su dependencia, en gran medida, de un solo proveedor para la adquisición de los motores. Si este proveedor tuviese un monopolio en el mercado y la empresa no fuera capaz de conseguir los motores de otro proveedor, su poder de negociación aumentaría considerablemente. De este modo, podría aumentar el precio de los motores o incluso limitar la cantidad que está dispuesto a suministrar, lo que afectaría negativamente a la capacidad de la empresa para fabricar y vender vehículos. En este caso, Citroën estaría en una posición de debilidad y tendría que encontrar formas de mitigar este riesgo, como diversificar sus proveedores o incluso adquirir su propio proveedor de motores.

Dependiendo del sector del que hablemos, la búsqueda de proveedores alternativos puede ser más o menos complicada. Imagina que fabricamos panes para celiacos y nuestro proveedor es la empresa X, que me proporciona la harina. Si sube precios podemos buscar otros sin mayor complicación, dado que, en este caso, no hay escasez de proveedores.

Cuando realizamos estos análisis previos, hay que precisar correctamente los términos, ya que muchas veces este análisis se hace deprisa y corriendo y el resultado es una mala definición de la propia estrategia. Por ejemplo, si tu negocio es de actividades extraescolares deportivas para los niños, tu competencia no son solo otras empresas deportivas, sino escuelas de música, teatro, manualidades, etc., donde los padres tendrán que gastar su dinero, o incluso el tiempo, cuando los niños terminen su jornada escolar.

Las cinco fuerzas de Porter nos ayudan a definir el atractivo fundamental de un sector concreto y de sus segmentos individuales, y se pueden representar en dos ejes: por un lado, el eje vertical (la amenaza de los nuevos competidores y de los productos sustitutivos) que determina cuánto valor genera el sector y, por tanto, cuánto valor se puede repartir entre sus miembros. Si los nuevos jugadores lo tienen muy difícil para entrar y los compradores no pueden recurrir a sustitutos para el producto o los servicios, el sector generará un alto valor. Por otro lado, tenemos el eje horizontal que determina qué entidad capitalizará el valor del sector: proveedores o compradores.

En resumen, la teoría de las cinco fuerzas de Porter es una herramienta clave para que podamos entender nuestro **entorno competitivo** y tomar **decisiones estratégicas** informadas en base a las oportunidades y amenazas existentes. Esto sentará la base para desarrollar estrategias efectivas para competir en el mercado.

Si ante una necesidad en el mercado tú eres el único que puede solucionarlo y puedes hacerlo de una manera única y difícil de imitar, entonces vas a ser capaz de monetizar una parte sustancial del valor que tu cliente está recibiendo.

Si la forma en que lo resuelves puede ser replicada por otros y a menor coste, entonces estás en un juego de *commodities* (productos genéricos sin apenas diferenciación) y tendrás menos impacto y muchos menos beneficios. Por eso, lo más rentable es dirigir la estrategia buscando oportunidades que sean importantes y en las que tú estés en una posición competitiva privilegiada para satisfacer esas necesidades existentes en el mercado.

Y, dicho de una forma un poco simple, pero fácil de entender: cuantos más productos sustitutivos tengas para tu negocio, peor; cuanto más fácil les sea a los competidores entrar, peor y cuanto más poder tengan los clientes o proveedores, peor.

Es un modelo útil para tener en cuenta quién juega y quién no juega en nuestro sector, pero también quién podría jugar y quién no en el futuro.

ANÁLISIS PESTEL

El análisis PESTEL es una herramienta de análisis estratégico que te ayudará a analizar el entorno macroeconómico en el que opera tu empresa. El análisis lo realizarás al estudiar los factores políticos, económicos, socioculturales, tecnológicos, ecológicos y legales. De este modo, sabrás cómo puedes verte afectado por él, cómo reaccionar y cómo desenvolverte sin problemas.

De cada factor tienes que valorar si influye en tu empresa de forma positiva (oportunidad) o negativa (amenaza).

Un ejemplo de factor **legal** podía ser la entrada de la Ley Rider, que afecta a empresas de reparto y distribución. Este ha sido uno de los motivos por el que Deliveroo ha echado la persiana en España. En este caso, la amenaza ha sido crítica. Otro ejemplo del mismo sector de reparto, del que todavía no tenemos medida de su impacto, podría ser la tasa Amazon del Ayuntamiento de Barcelona, implantada en marzo de 2023, que afecta a los operadores que facturan más de un millón de euros anuales.

Un ejemplo de factor **tecnológico** en el 2023 ha sido el gran apogeo de la inteligencia artificial. Se estima que permitirá a las empresas ocuparse de temas más importantes, ya que contribuirá a automatizar gran parte de sus tareas más básicas. Pero también es cierto que la IA amenazaría la existencia de algunas compañías.

Y eso es lo que le ha sucedido a Chegg a finales de abril de 2023, una empresa del sector educativo que alquila y vende libros de texto digitales y físicos, proporciona tutorías y ofrece ejercicios online, que ayudan a preparar un examen o hacer los deberes. Su objetivo es hacer la vida más fácil a los estudiantes.

Desde marzo, ChatGPT ha dejado tocada a esta empresa, que ha visto cómo sus acciones en bolsa han caído drásticamente, junto con el número de usuarios. En este caso, poco sentido tiene luchar con algo de este calibre, que ha llegado para quedarse. En esta situación, cobra importancia el concepto de **coopetición** o **coopetencia** de Nalebuff y Brandenburger.

Si bien esta palabra parece un oxímoron, el fin de dicho vocablo es alcanzar un nuevo enfoque en la estrategia empresarial, que toma como base un modelo de pensamiento recogido de la teoría matemática de juegos. Esta teoría no se basa en que para ganar tenga que existir necesariamente un perdedor, como en los juegos de ajedrez. Se trata de que ambas partes salgan ganando con la estrategia que adopten y se produzcan sinergias con su cooperación.

En el caso de tener como competencia a una empresa muy potente con la que nos va a ser muy difícil luchar, una estrategia de cooperación va a ser la mejor opción. Si esta empresa más grande tiene recursos y habilidades que son complementarios a los tuyos, podrías buscar una alianza estratégica que os permita a ambas beneficiaros. Y esta es otra de las cualidades del buen estratega: sabe sobre qué, cuándo y con quién establecer alianzas.

Entre los diferentes tipos de cooperación se encuentran la franquicia, la licencia, la subcontratación, las asociaciones (UTE, consorcios), los acuerdos accionariales (*joint venture), etc.*

En cuanto a los factores **socioculturales**, tenemos una gran variedad de elementos: estilo de vida, hábitos y tendencias, nivel educativo, etc.

Y relacionado con hábitos y tendencias, nos encontramos con que, desde hace unos años, las personas están buscando herramientas con las que ahorrar tiempo. Buscamos aprender todo más rápidamente y se tiende a la automatización de tareas y a la simplificación. Actualmente, existe un claro beneficio en la adopción de una estrategia centrada en la simplicidad que ayude a diferenciar el producto. Es una tendencia que, hoy más que nunca, debemos tener en cuenta para nuestro análisis.

También estamos viviendo nuevas formas de consumir determinados servicios. Así, por ejemplo, en el mundo online han despuntado las llamadas membresías, donde pagas una cuota mensual para recibir una formación, a modo de las tradicionales academias físicas. Esta modalidad de negocio online cogió fuerza a partir del 2018 y los éxitos cosechados fueron especialmente buenos. Muchos, contagiados por esta tendencia, decidieron lanzarse a la aventura, aunque el porcentaje de éxito alcanzado a partir del 2022 fue menor que en los años previos.

Y es volver a lo de siempre: copiar por copiar, sin pararse a analizar qué hay detrás. Muchos cometieron el error de lanzar estas membresías sin haber reunido una audiencia mínima que les permitiese afrontar este proyecto con una garantía mínima de ingresos. Si no se ha trabajado una comunidad previamente y se ha cultivado un mínimo la relación, se producirá el efecto del bar vacío. Así, el último trimestre del 2022 hubo un récord de cierre de membresías. Esto es lo que diferencia al *amateur* del profesional. El amateur siempre correrá el peligro de seguir modas del entorno a ciegas, sin tener en cuenta su estrategia ni los fundamentos ni los recursos de su negocio. Para este tipo de membresías comienzan a entrar en juegos factores como la AMV (audiencia mínima viable) como punto de palanca para el lanzamiento de productos.

DAFO

Acabamos de ver que todas las acciones internas y externas deben ser analizadas. Para las externas, tenemos las cinco fuerzas y PESTEL; para las internas, la cadena de valor. Todas ellas nos servirán de base para elaborar nuestro DAFO.

No voy a entrar en detalle, porque seguro que lo conoces. Solo quiero recordarte que el análisis DAFO es una herramienta de diagnóstico estratégico que analiza tanto los puntos débiles y fuertes (análisis interno de tu empresa), como las amenazas y las oportunidades (análisis externo), incluyendo también el análisis de sus recursos y capacidades (ARC). Su objetivo es identificar el potencial de tu empresa para establecer la ventaja competitiva de la misma.

Elaborar el DAFO te ayudará a desarrollar tu estrategia de negocio, te indicará el camino a seguir y las decisiones de inversión y financiación necesarias para lograr la rentabilidad definida en tus objetivos. Al igual que la estrategia, no es algo que hacemos una vez y archivamos. Requiere una actualización periódica y, dependiendo del sector y su rapidez de cambio, se debería hacer entre una y dos veces al año.

No entenderás nunca la estrategia si no entiendes la necesidad y los beneficios de realizar el diagnóstico previo. Si no lo haces, no tendrás estrategia, sino que irás parcheando tu empresa con tácticas, navegando a rebufo de la estrategia de otros.

Esta es la teoría sobre el DAFO. Es una herramienta muy potente y, si se realiza bien, suele traer beneficios. La triste realidad es que el DAFO sirve para poco, porque se hace rápido y mal, con visiones y opiniones sesgadas y, muchas veces, nada objetivas. Es como preguntarle a una abuela que hable de su nieto. Los DAFO dejan de ser Debilidades-Amenazas-Fortalezas-Oportunidades y terminan cambiando sus siglas por Desvariar-Alardeando de Fortalezas-Obsoletas.

Algunos de los errores más habituales que hacen que el DAFO pierda absolutamente su valor son los siguientes:

- Atributos ambiguos y poco específicos del tipo «entregamos un producto de gran calidad». Muy bien, pero ¿en basé a qué? ¿Cumple algún estándar seis sigma? ¿Está referenciado con encuestas de satisfacción? Decía Deming que «en Dios confiamos. Los demás deben traer datos». Si es una fortaleza tenemos que soportarla con datos. ¿Es un estándar realmente mejor que el de nuestra competencia? Si todos tenemos el mismo resultado, puede ser un dato bueno, pero irrelevante para la elaboración de nuestra estrategia.
- Factores poco relevantes para la estrategia. El DAFO no se valora al peso. Deberá incluir entre tres y cinco factores realmente relevantes. Añadir más es introducir ruido e indica que no se ha entendido la finalidad del DAFO. He visto en alguna empresa consignar fortalezas del tipo «amabilidad del conserje», o «cafetería dentro del edificio». Esto es un disparate mayúsculo.

Te voy a poner otro ejemplo muy básico para que ayude a afianzar conceptos sobre la importancia del análisis. En este caso es el restaurante próximo a mi oficina que solía frecuentar a diario. La comida era tradicional española, con una buena gestión por parte del matrimonio que lo regentaba.

Eran conscientes de que calidad y rapidez de servicio debían conjugarse, dada la clientela y la hora del día en que acudían. Si bien había cosas a mejorar, en general, todos sus clientes estábamos suficientemente satisfechos, a pesar de la amplia oferta de la zona. En 2017 pasaron a tomar el control dos de sus hijos, que empezaron a introducir poco a poco modificaciones que, más que ayudar, empeoraban el servicio.

Decidieron abrir una línea de servicio a domicilio para generar más ingresos. Como no querían establecer alianzas con las plataformas de *riders* existentes, contrataron a dos repartidores para los servicios de comida y cena, estableciendo un sistema de pedidos telefónicos. Aquí empezó a formarse el cuello de botella, a partir del tercer o cuarto mes. Y esto era debido a que tenían un cocinero y un auxiliar que no daban abasto con el considerable incremento de pedidos. Todo esto, sumado a que uno de los camareros tenía que atender los pedidos telefónicos, derivó en una pérdida de eficiencia en el servicio. El efecto conseguido fue una leve reducción de la calidad de la comida y un drástico aumento del tiempo de espera, con lo que comenzó a ir perdiendo a su clientela habitual y a obtener malas reseñas. El siguiente paso fue contratar un cocinero más y ampliar la cocina, con la compra de un pequeño local adyacente. A los dos meses ya estaba todo funcionando, aunque la inversión realizada no fue suficiente para generar más ingresos, con lo que tuvieron que realizar un acuerdo con Uber Eats para evitar problemas asociados al reparto, como las demoras ocasionadas con el cobro de las entregas. Finalmente, trascendió que, aun trabajando ya con esta plataforma, la inversión global no había sido satisfactoria, pues el servicio de reparto no producía el margen de beneficios esperados, y terminaron traspasando el negocio.

Este es un ejemplo básico y poco sofisticado que pone de manifiesto las consecuencias de no analizar ni valorar los recursos propios, ni las expectativas de sus clientes, ni las alianzas óptimas. Y, sobre todo, de no conjugar estos factores de forma coherente. Y esto es válido no solo para este restaurante, sino para infinidad de empresas. ¿Cuántas veces se abren nuevas líneas de negocio respaldadas por un impulso o intuición, pero sin estar basadas en diagnósticos reales? Y, una vez que se abre la nueva línea de negocio, se continúa con más inversiones para poder gestionar el nuevo reto, incurriendo en la falacia del coste hundido vista antes.

Hay que escalar el negocio y hacerlo crecer, de eso se trata, pero con análisis y planificación, no embistiendo como un toro y desde luego, no a cualquier coste. Los beneficios con la estrategia actual, los recursos disponibles, las alianzas posibles, el *feedback* del cliente, los ingresos futuros estimados y las inversiones a realizar tienen que estar bien definidas, para proyectar un escenario mínimamente realista.

CAME (corregir, afrontar, mantener y explotar)

Muchos hacen un DAFO y se quedan ahí, pensando que ya han cumplido el trámite. Pero no es así, pues el DAFO es realmente útil para la formulación estratégica, siempre y cuando se complemente con un CAME o similar, ya que será lo que nos permita comprobar que hay coherencia entre el diagnóstico y el pronóstico.

Lo más interesante del DAFO es que las fortalezas se puedan convertir luego en ventajas competitivas, aunque, como ya vimos antes, no todas las fortalezas tendrán este destino. Si estamos en el mundo *online* y ya tenemos una comunidad establecida, tendremos esa ventaja competitiva. Si disponemos de un presupuesto alto, será una fortaleza importante, pero no se considera una ventaja competitiva, ya que cualquiera la podría tener accediendo a distintos tipos de financiación.

Igualmente deberemos tener muy presentes nuestras debilidades como empresa para ver qué líneas estratégicas podemos abordar con un mínimo de garantías. Por ejemplo, si entre las debilidades tenemos falta de capital, de contactos o conocimientos técnicos, nos estará marcando una línea roja para según qué tipo de proyectos. Nuestro objetivo es poder solucionar estas debilidades, mitigarlas y que nos afecten lo menos posible.

Sin entrar en detalle, vamos a ver un ejemplo de una empresa con la que colaboré, que realizó un CAME a partir de un análisis DAFO.

Se trata de una empresa de tecnología especializada en domótica que ha realizado un análisis DAFO y ha identificado una debilidad importante en su capacidad de ventas. Aunque su producto es innovador y de alta calidad, no ha logrado una buena penetración en el mercado debido a una falta de conocimiento y visibilidad de la marca. Además, se ha detectado un aumento de productos similares pero más económicos en una plataforma de venta asiática. Utilizamos el modelo CAME para abordar la situación.

Corregir las debilidades: la empresa se plantea abordar esta debilidad mediante la inversión en formación para su equipo de vendedores o, alternativamente, con la contratación de vendedores muy cualificados que contribuyan a impulsar las ventas. No deberíamos lanzar nuestro producto o servicio si no corregimos, total o parcialmente, las debilidades encontradas. Es un error muy común, pero caer en él suele traer funestas consecuencias. Recurrir a la contratación o búsqueda de alianzas o socios suelen ser las soluciones más frecuentes. Sea como sea, no se puede retrasar esta acción.

Afrontar las amenazas: si no se puede eliminar una amenaza, al menos tendremos que buscar un plan de contingencia que nos indique lo que podríamos hacer si se materializa esa amenaza. Si la respuesta es que no hay nada que hacer y que aumentarían mucho las posibilidades de cerrar nuestro negocio, entonces no es el momento de iniciar nuestra aventura empresarial. En este caso concreto, para competir contra esos costes tan bajos de los países asiáticos, deciden implementar un soporte muy básico de atención al cliente en castellano, de tal forma que, con casi el mismo coste, el valor percibido sea mayor, dado que la empresa oriental no ofrece este servicio.

Mejorar las fortalezas: se trata de potenciar lo que es bueno. En este caso, deciden mantener y potenciar su enfoque en la innovación del producto, pues constituye uno de sus valores diferenciales, ya que los resultados obtenidos han sentado la base para el desarrollo de productos muy prometedores.

Explotar las oportunidades, para intentar convertirlas en fortalezas y ventajas competitivas. La empresa aprovechará la creciente demanda de productos innovadores en el área de domótica, sobre todo en nichos de semilujo, para enfocar sus estrategias de *marketing* en este segmento de clientes. Se buscará aumentar las ventas y afianzar su liderazgo, dada la poca competencia nacional en este nicho.

«La estrategia es un proceso constante y evolutivo, no un evento único» (Peter Drucker).

Capítulo 5. Formulación de la estrategia

Para para Michael Porter solo hay tres estrategias internamente consistentes:

- Liderazgo absoluto de costes
- Diferenciación
- Especialización

Estrategias de liderazgo en costes

Una empresa con esta estrategia obtiene sus beneficios por el hecho de tener una estructura de costes inferior a la competencia. Las ventajas pueden venir de incluir acceso preferente a materias primas, tecnología superior, curva de la experiencia optimizada, economías de escala y otras similares.

En esta estrategia siempre estamos intentando comprender y optimizar las distintas fuentes de gastos. El objetivo es reducir costes sin descanso, buscando una ventaja en muchas variables diferentes: abastecimiento, diseño, producción, distribución, mano de obra, etc.

Además de estas variables, busca ahorrar compulsivamente en gastos a través de la estandarización y la sistematización. Aquello que exija proceder de forma especial es susceptible de añadir costes y tendría que eliminarse.

Es el esquema de negocio de Ryanair. En este caso, Michael O'Leary, su consejero delegado, tenía como máxima «amontónalos y véndelos más baratos. Nadie nos vencerá en precio». Y así, llevando al límite la reducción de costes, se ha convertido en una aerolínea muy rentable, dentro de una industria en que la tasa de supervivencia es complicada.

Reducir costes permite precios más competitivos, lo que suele atraer a más clientes. Esto, a su vez, implica más escala, menor necesidad de servicios extra o menor necesidad de publicidad, lo que repercute en un precio más económico. Es algo similar a lo que intentó hacer Brais con su consultoría legal *low cost*, pero sin coherencia en su estrategia y planes de acción.

Aunque siempre reúnen las condiciones para poder fijar precios más atractivos que su competencia, no tienen por qué tener **siempre** los precios más bajos, sino que muchas veces pueden reinvertir la diferencia en crear otra ventaja competitiva. Por eso es importante no confundir bajo coste con bajo precio. Vender a precio bajo no es una estrategia; tener una estructura de costes bajos, sí.

Es tentador atribuir éxitos empresariales a la eficiencia operativa. He trabajado muchos años con Lean y con TPS (Toyota Production System) y su eficiencia es innegable, pero, si no se traducen en una verdadera estructura **global** de costes más bajos, no sirven como estrategia. No hay sustitutos para el pensamiento estratégico. Mejorar la calidad desde el punto de vista estratégico no tierne ningún sentido si no sabemos qué clase de calidad es relevante en términos de competitividad.

Esta estrategia se aprecia claramente en el sector clásico de las *commodities*, en los que hay múltiples productores. Los compradores no ven apenas diferencia entre la oferta de unos y de otros: una onza de oro es prácticamente igual que cualquier otra. El precio es el precio y puede fluctuar, pero no a causa de lo que haga un productor concreto. La empresa no intenta posicionar su oferta como algo lo bastante único para justificar un sobreprecio de ningún tipo. En un mercado así, la posición relativa en costes es el único factor determinante de la competitividad y la rentabilidad.

No obstante, incluso en las *commodities*, la oferta de una empresa en ese sector no tiene por qué carecer de diferenciación. La empresa podría diferenciar su oferta prestando un mejor servicio de atención al cliente, mejorando la entrega de productos, integrándose mejor con las operaciones del comprador final, etc.

Estrategias de diferenciación

Otra opción es que el producto o servicio sea percibido por los clientes como exclusivo siendo líder en diferenciación, lo que justifica un precio superior.

En estas estrategias se busca profundizar en la comprensión holística de los clientes para aprender a prestarles unos servicios más especializados.

Estas empresas ofrecen productos o servicios que los clientes perciben como mucho más valiosos que los del resto de competidores. La fidelidad surge cuando hay una conexión entre la oferta distintiva de la marca y el valor personal de esta para el consumidor.

La diferenciación entre productos es fruto de las actividades de la empresa: diseño y prestaciones del producto, tipo de servicios, calidad, *branding*, publicidad, distribución, etc.

Durante mi etapa de bachillerato, tuvimos como asignatura optativa Comercio, una de las más apasionantes, tanto por el temario como por el fantástico profesor que la impartía. En una de esas clases, analizando el caso de bolsos de lujo (que costaban lo que ahora sería equivalente a 3000 euros), un compañero afirmó vehementemente: «quien se gasta ese dinero en un bolso tiene una clara necesidad de algo más, el bolso no es lo que le importa. En la vida pagaría algo tan desproporcionado por algo tan básico».

Esta reflexión, simplona y evidente, incluye un concepto muy básico, aunque relevante. Y es que, en muchos casos relacionados con productos de lujo, el producto es una excusa, y lo que el cliente quiere no es tanto lo que vendemos, sino el **resultado** de lo que vendemos. En este caso, sentirse validado socialmente y exclusividad.

Comprender las razones por las que se compran artículos caros no solo es útil si te dedicas a su venta. Su valor va mucho más allá, y entenderlo es algo crítico antes de realizar cualquier acción de *marketing*.

Con esta estrategia de Porter que estamos analizando, nuestra empresa buscaría ofrecer algo que no se pueda encontrar fácilmente en otros competidores, creando una ventaja competitiva en términos de percepción de valor. Esto puede incluir imagen, estatus, características únicas del producto, diseño innovador, atención al cliente excepcional, calidad superior o cualquier otro factor que pueda hacer que el producto o servicio destaque sobre la competencia. El objetivo es crear una lealtad del cliente hacia la marca y obtener precios más altos que los competidores, es decir, no es barato pero es único.

Un ejemplo de empresa que utiliza la estrategia de diferenciación es Rolex, que se enfoca en la producción de relojes de lujo con una gran calidad. Esta marca controla cuidadosamente su distribución y limita la cantidad de relojes que produce cada año, lo que agrega un elemento de exclusividad y escasez a su oferta de productos que se asocia con elegancia, prestigio y éxito.

También es el caso de Louis Vuitton. En este caso, el hecho de que sus bolsos sean muy caros y no existan las rebajas propicia que no todos sus productos se vendan. La forma en que aborda esto es algo peculiar, dado que prefiere deshacerse de todos sus productos antes que ofrecer una rebaja que afecte a la reputación de la marca. Una vez que superan el tiempo establecido sin vender, son recolectados para ser quemados o triturados, con el objetivo de preservar su valor y estatus.

Esta es una práctica común en el sector de la moda, donde firmas como Chanel y Burberry son algunas de las marcas que han admitido realizarlas. No obstante, antes de llegar a las últimas consecuencias, se busca darle salida a los productos a través de mercados en donde no tienen tanta presencia, como Sudáfrica y Latinoamérica.

Ha habido algunas empresas que han perseguido el bajo coste y la diferenciación al mismo tiempo, pero, finalmente, se acaban viendo forzadas a elegir, dado que tarde o temprano aparecen nuevos competidores que encuentran formas inesperadas e innovadoras de aportar alto valor en alguna de estas estrategias, haciéndose muy difícil competir con ellas.

A IBM le pasó, cuando Hitachi y Fujitsu Microelectronics entraron en la informática *mainframe* con estrategias de costes mucho más bajos. También eBay ha tenido que adaptar la estrategia tras el surgimiento de Craigslist y alternativas similares.

La forma de ver y tratar a los clientes es completamente distinta. En una empresa líder en costes, los clientes inconformistas (los que quieren algo especial, diferente a lo que produce la empresa en un momento dado) se sacrifican para estandarizar el producto o servicio, todo en aras de la eficiencia en costes. En una empresa que busca diferenciarse, los clientes se tratan casi como un tesoro y, si quieren algo diferente, se intenta diseñar una nueva oferta que les deslumbre. Es tan simple como la diferencia entre Ryanair y Apple.

Estrategias de especialización

La estrategia de especialización, también conocida como estrategia de nicho, consiste en enfocarse en un mercado específico y atender sus necesidades de manera más efectiva que los competidores que ofrecen productos o servicios similares. Por tanto, en lugar de tratar de satisfacer a todos los clientes de un sector en el mercado, nos enfocamos en un segmento específico, lo que nos proporciona un conocimiento más profundo de ese mercado y sus necesidades y nos permite ofrecer productos únicos y de alta calidad que los competidores más grandes no pueden igualar.

Un ejemplo podría ser la empresa Freixenet, que se dedica exclusivamente a la producción de cava. Con esta estrategia ha logrado posicionarse como una marca líder en el mercado de los vinos espumosos debido a su especialización en la producción de cava de alta calidad, alineando esta acción con una estrategia de *marketing* y comunicación muy cuidada. Esto le ha permitido impulsar el desarrollo de su marca con el fin de convertirse en un referente en el sector.

También existen empresas, como el caso de Southwest Airlines, que han combinado con éxito más de un elemento.

Southwest se especializó en un tipo de viaje de media distancia dentro de Estados Unidos, sacrificando el mercado de los vuelos internacionales. Esto le permitió operar toda su flota con un único modelo de avión Boeing 737, lo que a su vez le ahorraba costes de operación, formación y mantenimiento.

Los pasajeros no tenían asiento asignado, lo que permitía embarcar más rápido y minimizar los tiempos de espera en tierra, y tampoco disponían de servicio de comida a bordo, con el consiguiente ahorro en costes.

Todo esto es un claro ejemplo de acciones coherentes entre sí (logística, operaciones, *marketing*, venta) que no entran en conflicto unas con otras, sino que suman sus efectos.

Además, se especializan en un nicho específico de mercado: vuelos solo dentro de Estados Unidos, sin escalas y utilizando únicamente aeropuertos secundarios, dejando de lado los principales, que tienen tasas más altas y encarecen el coste del billete. A esto hay que añadirle una ligera merma en las condiciones económicas de pilotos, TCP (tripulantes de cabina de pasajeros) y personal de oficina, en coherencia con su estrategia de reducción de costes.

Esto sería lo que Ryanair copió e implantó en Europa unos años más tarde.

Sea cual sea tu modelo de negocio, lo ideal es que tenga:

- Una propuesta de valor única.
- Una cadena de valor diferenciada.
- Estrategia plenamente enfocada, eligiendo qué hacer y qué no hacer (sacrificando el mercado de vuelos internacionales, en el este ejemplo).
- Coherencia entre las actividades realizadas, de tal forma que se refuercen entre sí (eliminar servicios prescindibles o prémium, embarque rápido, rutas nacionales, sueldos más bajos, etc.).

Identifica dónde está tu empresa ahora y comprueba si tu estrategia de *marketing* y comunicación están alineadas con tu propuesta de valor. Si el coste es tu prioridad, el *customer centric* o estrategias muy sofisticadas de *marketing* o publicidad (que suelen ser caras) no tienen mucho sentido.

Por el contrario, si has optado por diferenciación, la comunicación y publicidad tienen que ser distintas, con otro tipo de mensaje, otra narrativa de comunicación y utilizando otro tipo de canales. Dado que se presta atención a la experiencia del cliente, se busca que sus equipos estén motivados y tengan mucha menor rotación que las empresas de bajo coste. Parece obvio, pero te garantizo que, en el ecosistema empresarial, la coherencia, en muchas ocasiones, brilla por su ausencia.

Hay una herramienta que suelo usar con las empresas y es la **zona de diferenciación**, que consiste en seleccionar uno o dos competidores directos significativos y representar visualmente su diferenciación en el mercado a través de factores como precio, calidad, servicio, fuerza de ventas, alianzas, facilidad de uso, etc. Dependiendo del sector de la empresa, se modifican o añaden otros atributos que sean más característicos, pero es útil como punto de partida para una representación inicial de su posición en el mercado. Esto nos ayudará a tener muy claro cuál es nuestro valor diferencial y cuáles son los factores en los que podremos apalancarnos para nuestro crecimiento.

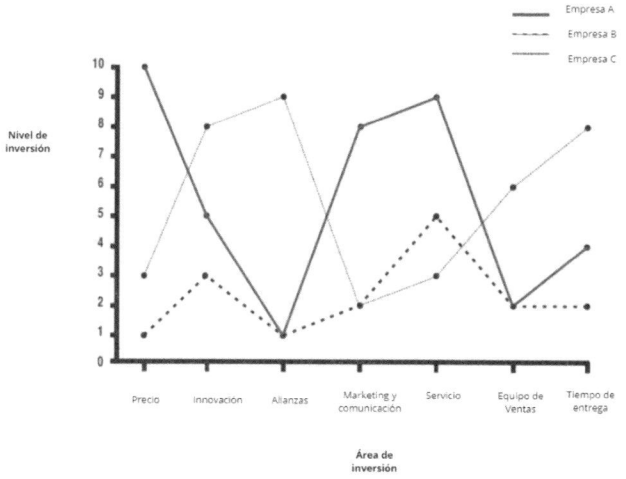

Las disciplinas de valor

Adicionalmente a los postulados de Porter tenemos las **disciplinas del valor**, un marco propuesto por Michael Treacy y Fred Wiersema que se centra en la creación de valor para los clientes. Propone tres disciplinas estratégicas que nuestra empresa puede seguir para lograr la excelencia en su propuesta de valor: la excelencia operacional, el liderazgo de producto y las relaciones estrechas con el cliente. Constituye una de las formas más simples de crear alineación entre todas las áreas de una empresa, sin importar su tamaño.

Excelencia operacional. Comparte algunas características con la estrategia de liderazgo en costes de Porter. Se enfoca en ofrecer productos o servicios a precios competitivos y con una gran rapidez en la entrega, optimizando los procesos y recursos y desarrollando estrechas relaciones con proveedores y sistemas de información. Se ofrece un servicio estandarizado, sin problemas y sin sorpresas. La clave del éxito es «la fórmula».

Tenemos como ejemplo a Walmart, que ha logrado reducir costes y aumentar la eficiencia en sus operaciones para ofrecer precios más económicos a sus clientes. A través de su cadena de suministro y logística, ha creado una ventaja competitiva que le ha permitido liderar el mercado minorista en Estados Unidos y expandirse a nivel internacional.

Liderazgo de producto. Se enfoca en ofrecer productos o servicios innovadores y de alta calidad, dirigidos a clientes que buscan ese valor «prémium» y no pueden ser atendidos sin ofrecerles diferenciación con respecto al resto de productos. Estas empresas inventan y emprenden, y tienen una estructura difusa. Además, organizan su trabajo por proyectos y toman decisiones con rapidez. Desde el punto de vista estratégico, la mayor parte de los recursos se reparten entre sus empleados y los esfuerzos de I+D. Un ejemplo de esto es Netflix que, al darse cuenta de que su ritmo de estrenos no podía depender de terceros, decidió apostar por el contenido propio en el que hoy invierte más de 17 000 millones de dólares al año.

Relaciones estrechas con los clientes. Busca ofrecer productos o servicios personalizados y únicos, que satisfagan las necesidades específicas de los clientes. La clave del éxito es «la solución» y mantener relaciones a largo plazo con el cliente. Tenemos como ejemplo a Four Seasons Hotels o Amazon, con su amplia variedad de productos, un buen servicio de atención al cliente, así como su plataforma tecnológica, que facilita las compras en línea y la entrega rápida de productos.

Por tanto, tu negocio puede elegir ser el más eficiente, el que tiene el producto o servicio con las mejores prestaciones o el que da el mejor servicio al cliente, y es muy importante no solo tenerlo claramente definido, sino comunicarlo interna y externamente y actuar en consecuencia.

También, y a mucha menor escala que los dos anteriores, tenemos como caso de éxito a un emprendedor que, a pesar de sus dificultades iniciales, se ha afianzado en el sector de consultoría legal, teniendo actualmente tres sedes repartidas por España con muy buenos resultados, aunque no siempre ha sido así.

Ernesto había venido de Ecuador en 1991, se había formado como abogado y llevaba trabajando casi diez años en temas relacionados con la extranjería. Había lanzado su proyecto de asesoría legal de extranjería e inmigración hacía dos años y, aunque no le iba mal, no conseguía despegar.

Tras recabar opiniones de sus clientes, llegamos a la conclusión de que estos no estaban muy alineados con la propuesta de valor de Ernesto, dado que percibían que estaban invirtiendo demasiado dinero al tener que pagar a un abogado por hora sin saber si finalmente se resolvería su caso. Y no era precisamente una tarifa de McKinsey & Company, era un coste medio, pero su clientela tenía también unas inquietudes económicas muy concretas que había que entender.

Este no es un problema que se pueda resolver con más publicidad, ni *marketing*, ni redes sociales. Del diagnóstico efectuado, se podía ver con claridad que había que adecuar los recursos y la propuesta de valor a las necesidades reales del cliente. Sin invertir absolutamente nada en publicidad, se mantuvo la propuesta de valor, pero cambiando la narrativa de su comunicación, así como la forma de facturación. Los clientes no querían que se les vendiese pago por horas, pero sí querían un servicio que aglutinase garantías de resolución a sus problemas concretos de extranjería, en concreto, reagrupamiento y expatriación.

Ya no se hablaba de tarifas ni servicio de consultoría por horas, ya que sus clientes no querían un abogado. Querían tranquilidad, y se acataba solo el deseo velado de familia unida y reagrupada. A fin de cuentas, ese era el núcleo de su negocio por aquel entonces. Además, para determinados casos se estableció una garantía de éxito, con compensaciones en caso de no alcanzarla, y se añadieron servicios nuevos de trámites con las administraciones públicas para facilitar todavía más el proceso burocrático a sus clientes. Las tarifas se aumentaron todas un 30 %, para compensar este y otros gastos. En seis meses, el crecimiento fue espectacular, a pesar de que el coste del servicio era mayor para el cliente. También había mejorado su relación con ellos y su marca personal y, además, se había eliminado para el cliente esa tensión de facturación por horas. En este caso, se mejoró el servicio, pero, sobre todo, la narrativa de su comunicación.

Lo que quiero trasladar con este sencillo ejemplo, una vez más, es que no hay una estrategia fetén que se pueda implantar en cualquier sector y con cualquier cliente. El mercado no siempre sigue una lógica racional, y esto es lo que confiere a la estrategia ese carácter de complicada y retadora. Y muchas veces, como en este caso, no hay que empezar de cero con la estrategia. Basta con entender a tus grupos de interés, ofrecerles una propuesta de valor que solucione sus problemas y comunicárselo con una narrativa acorde a sus deseos velados.

Entonces, ¿qué disciplina de valor deberíamos escoger? Va a depender de tres factores: cliente, competidores y capacidades de nuestra empresa.

- Analiza a tu competencia: es muy recomendable ocupar los espacios vacíos en el mercado, estableciendo una marca que ofrezca un excelente servicio (intimidad con el cliente) en industrias como las telecomunicaciones, donde las compañías se caracterizan por su pésimo trato al cliente. Otra opción es generar disrupción a través de precios bajos en industrias que han girado siempre alrededor del lujo. Lo importante es que identifiques oportunidades y elijas una disciplina que te lleve a destacar entre los demás.

- Analiza las capacidades de tu empresa: la disciplina de valor que escojas tiene que ir en línea con las capacidades reales de tu compañía. No puedes escoger la disciplina de liderazgo de producto si no cuentas con el equipo suficiente para pensar en cómo mejorar lo que vendes o crear algo nuevo. Tampoco si la cultura de tu compañía va en contra de lo que has escogido. Así, una estrategia de intimidad con el cliente requiere que todos tus empleados tengan vocación de servicio y estén dispuestos a hacer todo lo que sea necesario para que un cliente resulte satisfecho. Por tanto, tienes dos opciones, o escoges una disciplina que se adapte a lo que tu compañía ya sabe hacer, o transformas a las personas y procesos de tu empresa para escoger la disciplina que deseas. Ya te imaginas cuál va a ser más complicada.
- Analiza a tus clientes actuales y potenciales: cuando escoges una disciplina de valor, también estás segmentando a tus clientes. Por eso es importante que, antes de elegir una disciplina, te asegures de que hay clientes que valoren lo que vas a ofrecer a través de esa disciplina. Partir de cero y realizar tareas de evangelización requiere más tiempo, dinero y energías.

La estrategia no será optima si nuestra empresa no es capaz de asignar la mayor parte de sus recursos a una de esas tres áreas de la disciplina de valor. Tendrá consecuencias negativas, como comprometer su crecimiento a largo plazo o generar incoherencias importantes dentro de la empresa, como que el área de *marketing* e I+D estén trabajando y promocionando un producto desde el liderazgo, mientras que las ventas utilicen tácticas de bajo coste, lo que debilita a largo plazo a la empresa.

El hexágono estratégico

Aunque el modelo de Rummelt es uno de los que considero más pedagógicos para comprender la estrategia y todo lo que engloba, existen otros modelos que desarrollan más dimensiones y que, por su importancia, merece la pena aprender. El hexágono estratégico es uno de mis favoritos porque representa las distintas características de una buena estratégica. Lo he utilizado muchísimo, tanto en formación como en consultoría, y clarifica mucho el significado de estrategia.

Consta de seis dimensiones: análisis, elección, posicionamiento, diseño, *storytelling* y compromiso. Las tres primeras las hemos visto ya, el resto las iremos viendo en los siguientes capítulos.

1. Estrategia como **análisis**. Se trata de definir con precisión dónde se encuentra ahora tu empresa en relación con el mercado y sus

competidores. Requiere análisis de una serie de factores tanto internos como externos del mercado actual y se utiliza DAFO, PESTEL, Canvas, etc.

2. Estrategia como **opción**. Como ya hemos visto, si intentamos hacerlo todo, no haremos nada bien. Saber escoger y renunciar es crítico para un estratega, y eso requiere conocer muy bien nuestra ventaja competitiva y tener claro que acciones podemos realizar para apalancarnos en ella y obtener los mejores resultados.

Lao Tse dijo: «un gran árbol puede sostener una gran casa porque tiene la fuerza para hacerlo; una pequeña cerradura puede controlar la apertura y el cierre porque está en un lugar esencial».

Esta cita lo define claramente. El apalancamiento no es otra cosa que la capacidad de aplicar fuerza en un área específica, para poder lograr unos mejores resultados, en relación con los que obtendríamos si aplicásemos esa misma fuerza en otro lugar.

3. Estrategia como **posicionamiento**. Lo hemos visto desplegado en liderazgo absoluto de costes, diferenciación y especialización.

4. Estrategia como **diseño**. Este diseño estratégico es el que determina las acciones a realizar para llevar nuestra empresa de la situación inicial a la situación deseada, según

las metas y objetivos que hemos definido. Lo veremos con detalle en el capítulo seis.

5. Estrategia como **storytelling**. Cobra especial importancia en la estrategia corporativa, donde tenemos un equipo más o menos numeroso de personas trabajando para conseguir determinados objetivos. En estos casos es fundamental conseguir el compromiso e implicación de las personas. La estrategia tiene que ser algo más que un libro que decora la estantería de un consejero delegado. Necesitamos una historia atractiva, creíble y convincente que busque motivar y captar el interés del equipo. Si no comunicamos la estrategia y no ponemos interés en difundirla a todos, ¿para qué nos vamos a molestar en hacerla?

6. Estrategia como **compromiso**. Muy relacionado con lo anterior, dado que no puede haber compromiso si no se conoce su contenido. Sin el compromiso de los grupos encargados de su ejecución, la estrategia irá a dormir el sueño de los justos, y todo el esfuerzo en su elaboración habrá sido en vano. Se necesita una comunicación fluida con ellos, para poder realizar los cambios y adaptaciones necesarias. Sin este diálogo, tanto en la elaboración como en la ejecución, será muy difícil conseguir el compromiso de los equipos. Y, sin este compromiso, lo verán con una imposición externa en la que no tienen arte ni parte, con poco o ningún aliciente para implicarse con ella.

Síntomas de estrategia débil

Hay una serie de síntomas que suelen ser indicativos de una falta de estrategia en la organización.

1. La existencia de silos organizacionales, con el consiguiente conflicto de intereses, mala coordinación y falta de comunicación. Eso se suele convertir en una lucha por recursos y presupuesto que daña enormemente a la estrategia.

   Los silos son sistemas, grupos o procesos que trabajan de forma independiente, dificultando la comunicación y la generación de ventaja competitiva.

   La dificultad que tuvo Sony para mantener su éxito con el famoso *walkman* fue debido precisamente a la existencia de silos en su organización, lo que originó pérdida de foco en su estrategia, algo que aprovecho convenientemente Apple. En palabras de su consejero delegado Howard Stringer: «no hemos conseguido despegar nuestra estrategia por culpa de todos los silos de la organización. Hay partes de la empresa que trabajaban juntas en el desarrollo de productos, pero que ni siquiera se conocían entre ellas. No hemos sido capaces de conservar la unidad de su multinacional sencillamente porque todo estaba regado por todas partes».

2. Resistencia e inercias ante el cambio. Existen algunas organizaciones donde, ante cualquier propuesta que conlleve el mínimo cambio, hacer algo de forma distinta a los últimos cinco años supone el comienzo de una guerra civil.
3. Miopía estratégica, que se da cuando los responsables de los distintos departamentos únicamente están interesados en los resultados de su propia unidad y no ven más allá La visión y resultados globales a largo plazo les preocupa poco.
4. No hay una cultura de medición y seguimiento, ni de los objetivos ni de las metas. Se limita todo a una revisión anual y a cubrir el expediente.
5. Desconocimiento: a pesar de exhibir toda suerte de letreros y panfletos con misión, visión y valores en las salas de reuniones y despacho del consejero delegado, nadie del equipo las conoce ni toma decisiones en base a ellas.

La estrategia de la estupidez

Ya hemos visto que la estrategia conlleva decidir entre diversas opciones. Hay, no obstante, un riesgo cuando esas decisiones se formulan sin ningún criterio y terminan en algo realmente inútil. Una forma de comprobar si esa decisión es realmente relevante o no es hacernos la siguiente pregunta: ¿si decimos justo lo contrario, sería una estupidez?

Te lo aclaro con un ejemplo. Si una empresa articula como estrategia «estar cerca de los clientes», ¿podríamos decir lo contrario y que siga teniendo sentido? ¿Podría una empresa tener como estrategia estar completamente alejado de los clientes? ¿Mejorará su posición competitiva con esa estrategia?

Queda claro que sería un disparate mayúsculo. Por tanto, si optamos por esa estrategia, la única decisión de valor que estamos aportando y la única estrategia que estamos formulando es la de no ser estúpidos.

De aquí en adelante, cuando estés diseñando una estrategia con tu equipo, plantéate cuál sería la estrategia contraria y piensa si tiene sentido. Y, si por lo que sea, no está claro si el opuesto a nuestra estrategia es o no es una estupidez, tenemos que hacernos una segunda pregunta: ¿hay algún competidor que haya utilizado esta estrategia y haya tenido beneficios y aumentado su ventaja competitiva? Si la respuesta es negativa y no existen esos competidores, tendremos que replantearnos continuar con ella.

«El secreto de la estrategia está en saber cuándo dar un paso adelante y cuándo quedarse quieto» (John C. Maxwell).

Capítulo 6. Diseño de la estrategia

Hace poco, escuchando una entrevista que le hacían al emprendedor de una *startup* llamada Factorial, le preguntaron lo siguiente:

«Piensas que la formación de emprendimiento llegará algún día a los colegios?».

A lo que responde:

«¿Se puede enseñar realmente a emprender? Porque esto va de hacer lo que no hacen otros. Va de encontrar huecos donde no es obvio».

Como decía David Thoreau, «lo importante no es lo que miras, sino lo que ves».

Parte de este proceso es instintivo, es una habilidad innata que les permite ver e interpretar patrones. Otra parte puede ser aprendida, como hemos visto antes, siendo perfectamente posible desarrollar esta habilidad que conlleva una mezcla de elementos perceptivos, analíticos y creativos.

Ahora debemos conjugar lo que queremos conseguir con las habilidades y recursos que tenemos disponibles y que hemos documentado en el capítulo del diagnóstico. Estos recursos pueden ser el capital, el equipo, las habilidades, los compromisos, los procesos o la cultura, dependiendo del negocio en que nos movamos.

Las empresas no tienen solo una ambición sino varias, y algunas de ellas no son coherentes entre sí y, como es lógico, no pueden ser alcanzadas simultáneamente. Lo he visto en bancos, hospitales y empresas de servicios *online*. Cuando hay muchas ambiciones, muchas visiones del futuro y muchas metas, empezamos a tener objetivos que no están alineados, y la situación empieza a complicarse.

Toda esta panoplia de ambiciones, sueños y deseos son los **precursores** de la estrategia, pero NO todas serán alcanzadas, y habrá que recurrir a la adaptación y renuncia que veremos posteriormente.

Para desarrollar una estrategia efectiva no puedes centrarte solo en las metas y objetivos. Los buenos estrategas saben captar los problemas claves a los que su empresa se está enfrentando en ese momento, y saben concentrar sus esfuerzos y energía en esas cuestiones. No ven la estrategia como una descripción estática, más bien al revés. Lo importante y difícil de un desafío no es encontrar la respuesta adecuada, sino la pregunta adecuada.

MOET

Probablemente lo habrás leído mil veces y mil veces lo habrás olvidado. Tal y como te lo voy a contar ahora, no lo volverás a olvidar. Ni aunque te empeñes en olvidarlo lo vas a conseguir.

Son cuatro conceptos claves: meta, objetivo, estrategia y táctica. En ese orden. Junto forman MOET. Sin hacer publicidad a ningún champán, seguro que te será fácil de recordar ese nombre.

Las metas y objetivos nos dicen el **qué**, lo que nos hemos propuesto conseguir. La principal diferencia entre ellas es que las metas son generales y los objetivos, específicos.

Las estrategias y las tácticas son el **cómo**: las acciones que hemos decidido hacer y la forma en que vamos a ejecutarlas para conseguir nuestras metas y objetivos (nuestros «que»). Y, al igual que antes, la estrategia tiene carácter general, mientras que las tácticas juegan en el terreno de lo específico.

META	OBJETIVO	ESTRATEGIA	TÁCTICA
QUÉ	QUÉ	CÓMO	CÓMO
GENERAL	ESPECÍFICO	GENERAL	ESPECÍFICO

Veamos un ejemplo:

Meta general: mejorar la satisfacción del cliente.

Objetivo: conseguir una valoración de 4 estrellas en atención al cliente al segundo semestre.

Estrategia: simplificar la experiencia digital del cliente, desarrollar un modelo de servicio *online*.

Táctica: lanzar un *chabtbot*, o un asistente virtual que guie al cliente en toda su compra.

Por el bien de todos, especialmente de tu empresa y de tu equipo, es fundamental eliminar la confusión y evitar la tentación de combinar palabras, añadiéndole *estratégico* al final. Cuando una empresa utiliza términos como *objetivo estratégico* o *meta estratégica,* ya está poniendo de manifiesto que no tiene los conceptos claros.

Y, para culminar el despropósito, tenemos el coctel *planificación estratégica* que termina de confundir al que empezaba a tener las cosas claras. Pero al final es todo bastante más sencillo de lo que parece. Una estrategia es un conjunto integrado de **decisiones** que posicionan a una empresa en su sector con una ventaja competitiva que le permite atender a sus clientes mejor que su competencia.

Es lo que hizo, por ejemplo, Lou Gerstner, consejero delegado de IBM, cuando cambió radicalmente la forma de enfocarse en su cliente, pasando de centrarse en los productos a centrarse en los servicios.

Un plan, por el contrario, es un documento que describe el conjunto de iniciativas que la empresa pretende llevar a cabo en un plazo determinado:

«Vamos a abrir esta nueva sede en Portugal en el 2024».

«Vamos a iniciar un nuevo programa de atracción de talento durante el segundo semestre».

El plan se centra en lo que vamos a controlar, cuánto se gasta, quién lo gasta y cuándo. Suelen tener una lógica clara, pero en ocasiones están desalineados entre sí y no contribuyen globalmente a conseguir que tus clientes conecten con tu producto o servicio. La estrategia se centra en la posición que luchamos por conseguir en el mercado: calidad de entrega, rapidez, fiabilidad, etc.

La gran mayoría de las empresas se dedican a la planificación y no a la estrategia. La planificación como complemento de la estrategia es muy potente, pero la planificación como sustituto de la estrategia es un disparate.

Cuando he trabajado con empresas para preparar la formación o bien apoyar al desarrollo de su estrategia, he escuchado de los máximos responsables, en más de una ocasión, la misma queja sobre su equipo. La última vez fue en una empresa del sector aeronáutico, donde me comentaron lo siguiente: «tenemos fantásticos directores de departamento, son muy buenos gestionando su equipo, sus recursos, sus unidades, pero echo en falta que sean capaces de tener visión global, y cuando intento obtener ideas para seguir mejorando nuestra ventaja competitiva y crecer, suelo tener pocos resultados».

Es necesario dar ese salto del pensamiento táctico al estratégico para poder contribuir y aportar valor. Y la medicina para esta enfermedad es prescribir un aumento de pensamiento estratégico, que se consigue implantando un sistema de diseño, ejecución y comunicación estratégica. El pensamiento estratégico, dicho de una forma muy simple, no es otra cosa que la capacidad de generar y aplicar ideas de negocio que mejoren la capacidad competitiva de nuestra empresa.

Conviene no olvidar que la estrategia nos especifica un resultado competitivo que queremos alcanzar y que conlleva que los clientes quieran nuestro producto o servicio lo suficiente para comprarlo.

Lo complicado y, a su vez, característico de la estrategia es que **no** controlamos los resultados. Los clientes deciden, no nosotros. La narrativa de la estrategia es: «esto es lo que creemos que va a pasar». No podemos probarlo de antemano, no podemos garantizarlo, pero esto es lo que queremos que suceda y que creemos que sucederá. Por tanto, implica consecuencias. Y, si finalmente las cosas no están funcionando de la manera que esperábamos, tendremos que ajustar la estrategia. Es mucho más fácil decir que abriremos una nueva tienda en Madrid que conseguir que a los clientes les guste más nuestra oferta que las de los competidores. Por eso, hacer un plan es más sencillo que diseñar una buena estrategia.

La estrategia tiene cierta ansiedad y preocupación implícita, dado que no puedes demostrar de antemano que tendrá éxito. Tendrás menos preocupaciones si perteneces al club de los que se limitan a hacer todos los años lo mismo, fusilando la estrategia previa y cambiando cuatro cosas irrelevantes. Pero volvemos a lo de siempre. Para eso no hace falta estrategia y para eso no hace falta un directivo. La estrategia implica creatividad para crear un futuro mejor. El buen estratega espera lo mejor, pero está preparado para lo peor. Por el contrario, la planificación no crea. La planificación simplemente organiza.

No obstante, la tendencia es a decidir y a arriesgar lo menos posible. El conformismo y el deseo de preservar el puesto de muchos directivos propicia que se apunte bajo y hace que año tras año las estrategias sean una caricatura de sí mismas.

Los consultores de McKinsey & Company, en su libro *Strategy Beyond the Hockey Sticks*, alertan de este fenómeno en el que, al desarrollar la estrategia, los directivos suelen actuar en su propio interés, relegando a la empresa a un segundo plano. El aspecto social de la estrategia también hace que el desarrollo de la estrategia se incline hacia la cautela y el *statu quo*. Las empresas operan en una atmósfera de incertidumbre y esto propicia que se desarrollen estrategias que dan lugar a tímidos planes con una gran aversión al riesgo, lo que las mantiene en un plano intermedio.

Los autores utilizan la analogía del palo de hockey para ilustrar el hecho de que los directivos suelen predecir que su estrategia puede dar lugar a un breve descenso de los beneficios mientras invierten en poner en marcha sus iniciativas, seguido de una subida espectacular a medida que se aplican sus estrategias. En otras palabras, la estrategia es excesivamente conservadora durante los dos primeros años, y luego excesivamente agresiva a largo plazo. El palo de hockey puede verse gráficamente si se representan los beneficios esperados en función del tiempo. Como demuestran los autores, el espectacular aumento previsto de los beneficios rara vez se produce en la práctica debido, en muchas ocasiones, a las posiciones tan conservadores de los directivos.

El principio MECE

El principio MECE (*Mutually Exclusive, Collectively Exhaustive*) es una metodología de análisis desarrollada por McKinsey & Company que se utiliza en consultoría estratégica para asegurarnos de que estamos considerando todo el conjunto de opciones posibles de una manera organizada y lógica.

Es muy útil para garantizar la claridad, la coherencia y la exhaustividad en el análisis, así como en la toma de decisiones.

La idea central del principio MECE es que cualquier conjunto de opciones debe ser exhaustivo y mutuamente excluyente. Es decir, cada opción debe ser una categoría única e **independiente** de las demás (sin duplicación), para que no se solapen y no se pierda información relevante (por ejemplo, si dividimos a la población en grupos con estatura superior a 150 cm y estatura igual o inferior a 150 cm). Al mismo tiempo, cuando todas las categorías se toman en conjunto, deben abarcan **todas** las posibles soluciones al problema y no dejar fuera ninguna posibilidad (en este caso se incluye a todos, tanto a la persona más alta como a la más baja).

Al descomponer un problema en cada una de sus partes, asegurándonos de cubrir todo el espectro (exhaustivos) y evitando duplicidades (excluyentes), **podremos identificar riesgos y oportunidades** que se nos podrían pasar por alto si no conociéramos este principio.

Aunque la explicación en sí parece un galimatías, es bastante sencilla. Vamos a verlo con un ejemplo muy sencillo.

Imagina que estamos elaborando la estrategia para una compañía aérea y comenzamos a analizar la situación inicial. Vemos que en los dos últimos años nuestra compañía ha disminuido sus beneficios en cinco millones y queremos profundizar en las causas. Podríamos descomponer el problema en dos subproblemas:

1. El número de pasajeros está disminuyendo.
   o La compañía ha perdido cuota de mercado por la entrada de otra aerolínea X con precios muy competitivos.
   o Los atentados terroristas han causado miedo a volar.

- o La crisis económica ha provocado que los vuelos turísticos disminuyan.
- o Impulso al transporte ferroviario de pasajeros, con importantes subvenciones del gobierno.
2. El *ticket* medio del pasajero ha disminuido.
- o El precio del billete de clase *business* ha disminuido.
- o El precio del billete de clase turista ha disminuido.
- o El porcentaje de billetes turistas sobre *business* se ha incrementado.

El principio MECE es fundamental para nuestro análisis previo a la estrategia, dado que nos ayuda a no solapar datos y garantizar que se incluya información que cubra todas las opciones potenciales. Además, permite a todo el equipo tener una visión clara del problema y de sus principales componentes.

El pensamiento de primeros principios

En esta misma línea, el **pensamiento de primeros principios** es una herramienta conceptual desarrollada por Aristóteles y que ha sido utilizado a lo largo de la historia, aunque recientemente ha sido popularizado por Elon Musk.

Se basa en la idea de descomponer un problema o situación en sus elementos fundamentales y examinarlos desde cero, sin suposiciones preexistentes.

En febrero de 2002, Elon Musk realizó un viaje a Moscú con el objetivo de comprar cohetes Dnepr, unas lanzaderas de misiles de la Guerra Fría reconvertidas para lanzar satélites. Era su segundo intento de compra de cohetes, pero no le convenció.

Aunque el precio de los Dnepr rusos de segunda mano era más bajo que los 65 millones que le pedían en Estados Unidos por uno nuevo, le seguía pareciendo caro y rechazó la oferta.

En el vuelo de vuelta, reflexionando sobre los costes de construir un cohete, se dio cuenta de que solo el 3 % del precio correspondía a los materiales.

No tenía en mente invertir esas cantidades, así que, aplicando un modelo mental llamado razonar desde el primer principio, decidió que, en lugar de comprar o fijarse en otros cohetes para construir los suyos (trabajar por analogía), lo harían partiendo desde los fundamentos más absolutos, desde los primeros principios de la aeronáutica.

Un primer principio es una idea básica, fundamental, que no necesita explicación y no puede ser deducida desde otra idea. Así que el Falcon 1, su primer cohete, se construyó solo con los componentes imprescindibles y fue diseñado para ser reutilizable y minimizar el coste por lanzamiento.

Fue el primero en usar oxígeno líquido, sobre una familia de motores Merlin y Kestrel sumamente eficientes. Eso ha permitido que, ahora, casi veinte años después de aquel viaje a Moscú, Musk esté lanzando satélites por lotes, hasta llegar a los 12 000 que garanticen la cobertura en los puntos más remotos del planeta.

Si no hubiera reflexionado sobre los fundamentos, sobre lo que se conocía hasta el momento; si no hubiera razonado desde el primer principio, jamás se habría podido reducir los costes para hacer viable su idea.

Lo que hizo Elon Musk es un ejemplo de una de las técnicas para trabajar la creatividad y lo contrario de lo que hace la mayoría. Al hacerlo así, te aseguras de no arrastrar errores de concepto de otros. Requiere esfuerzo, pero el premio es mayor. Cuando profundizas sobre las ideas, las comprendes de una forma que las hacen, además, sencillas de entender y explicar.

Y esto no solo se ve en grandes artefactos tecnológicos. Desde hace unos años, en Estados Unidos, si realizas una entrevista de trabajo en una empresa tecnológica, te harán una pregunta del tipo «¿cuántos frigoríficos hay en Nueva York?». Al hacerte esta pregunta, están poniendo a prueba tu capacidad para pensar a partir de principios básicos.

¿Cómo buscan que respondas a esta pregunta? La mayoría de la gente se limitaría a hacer conjeturas. Pero deberías reducir la pregunta a sus partes. ¿Cuánta gente vive en Nueva York? ¿Cuántos frigoríficos tienen de media? ¿Cuántos restaurantes hay en Nueva York y cuántos frigoríficos tienen por término medio? ¿Cuántas tiendas de comestibles hay en Nueva York y cuántos frigoríficos tienen por término medio? Etc.

Deberás ir incorporando poco a poco estos principios y marcos de pensamiento para mejorar en tus habilidades estratégicas.

Identificación de oportunidades estratégicas

Una vez elaborado el diagnóstico y el CAME, estamos ya en disposición de definir con precisión quiénes son nuestros clientes, quién es nuestra competencia (directa o indirecta) y qué oportunidades existen en el mercado que podamos abordar con los recursos que tenemos.

Lo que sigue son cinco preguntas clave que conviene resolver antes de ponernos manos a la obra:

1. ¿Quién es nuestro cliente?

Tenemos que identificar al grupo de personas que estén sufriendo el problema o se vayan a beneficiar de la oportunidad que les presentamos.

- Su información básica: su objetivo (qué desea conseguir), su problema (cuál es su principal necesidad por resolver), sus prioridades y sus posibles objeciones a nuestra propuesta de valor.

- Sus variables: demográficas, geográficas, psicográficas (estilo de vida, personalidad) y conducta (hábitos de consumo, fidelidad al producto o servicio). Es justo a ese cliente ideal a quien tienes que dirigir tus acciones y recursos. En función de su edad, estilo de vida y otros factores, la comunicación se realizará de un modo u otro. Esto es algo básico, pero a veces se olvida y terminamos hablando a nuestros clientes como nos gustaría a nosotros.

Una vez identificado claramente, nos preguntaremos lo siguiente:

¿Tiene presupuesto? ¿Es accesible? En las etapas iniciales de nuestro producto queremos tener el mayor contacto posible con nuestros usuarios, de ahí que la accesibilidad a ellos sea un punto importante a tener en cuenta. Es lo que se llama cualificar a un cliente. Si no tiene dinero ni es accesible, no inviertas tu tiempo ni en propuestas, ni en publicidad, ni en estrategia.

Si la respuesta es afirmativa, continuamos indagando:

¿Tiene una razón para comprar? ¿Su problema es lo suficientemente importante como para que decida hacer algo? ¿Hay competencia que pueda bloquearte? Si ganas este segmento, ¿puedes utilizarlo para atacar otros adyacentes?

2. ¿Con cuántos usuarios o empresas has hablado?

Identificar al usuario correctamente es importante, pero no es suficiente. El siguiente paso es hablar con él y validar nuestras suposiciones, para no correr el riesgo de descubrir que el usuario objetivo que nosotros pensábamos que era el ideal no lo es.

Estas conversaciones con usuarios son críticas y debemos evitar la tentación de obviar este paso. Y es difícil, porque tenemos la tendencia a enamorarnos de nuestro producto, y hablar con otras personas para validarla no es algo que nos resulte cómodo. El problema es que, si no lo hacemos, corremos serio peligro de perder un tiempo precioso desarrollando una propuesta que nadie necesita ni está dispuesta a pagar.

3. ¿Cuál es el tamaño del mercado?

Si has identificado correctamente a tu grupo de usuarios objetivo, en este punto deberías ser capaz de hacer una estimación de tus potenciales compradores. Es un dato importante, pues un mercado con un número pequeño de clientes casi siempre te va a obligar a poner un precio alto para poder compensar tus costes. Y, a su vez, un precio más alto implicará también un mayor nivel de exigencia y una inversión mayor.

Por otro lado, un negocio con miles de potenciales clientes va a ser mucho más flexible. Tenemos como ejemplo a Netflix y sus más de 200 millones de suscriptores.

Para la obtención del número de usuarios potenciales y precio a imputar, podemos recurrir a informes de asociaciones relacionadas con nuestro nicho, informes de tendencias, productos análogos en otros países, etc. No te documentes solo con cuatro webs que posicionan bien en Google con información de dudosa calidad. Separar el grano de la paja en Internet no es fácil, entre toda la morralla que hay. Llevará tiempo, pero es conveniente hacerlo bien porque una estimación del tamaño del mercado nos dará información clave para determinar si queremos seguir adelante o no.

4. ¿Cómo está resolviendo el problema tu cliente objetivo?

Una vez que hemos determinado la necesidad de nuestro cliente, vamos a ver cómo la están satisfaciendo en el mercado y quiénes son los competidores que aportan esta solución.

Localizadas esas empresas, intentaremos averiguar el gasto aproximado de los clientes en los dos últimos años en soluciones similares a las que vamos a plantear. Si, hecho esto, nos encontramos con un gasto muy bajo, es un indicador de que esa necesidad no es todavía lo suficientemente importante.

Por el contrario, si existe un gasto aceptable, continuaremos analizando factores existentes en estos productos, como la existencia de barreras de entrada (un producto con una curva de aprendizaje complicada), si la distribución es por venta directa o por *partners*, qué tipo de *marketing* realizan, cómo es su comunicación, sus mensajes, etc.

5. ¿Por qué van a elegir tu solución?

Esta respuesta nos indicará nuestro factor de diferenciación respecto a las soluciones actuales. Ten en cuenta que, para que los clientes consideren y empiecen a utilizar nuestro productos o servicios en vez de los de la competencia, necesitamos que los usuarios cambien sus hábitos, para que vean las novedades y bondades que aportan nuestras soluciones.

He escuchado en más de una ocasión que, para motivar un cambio, una solución tiene que ser diez veces mejor que la alternativa actual. Me parece algo exagerado, aunque bien encaminado.

Si no encuentras respuestas claras a esta pregunta, considera seriamente si quieres seguir adelante. Lanzarte al mercado sin ninguna ventaja competitiva es un camino con destino a ninguna parte.

¿Todo esto te garantiza el éxito? No. Pero, por lo menos, se reducirán las posibilidades de fracaso.

Además de dar respuesta a estas preguntas, debemos tener en cuenta el nivel de consciencia del problema que tienen nuestros potenciales clientes. Según Eugene Schwartz, existen cinco niveles de consciencia:

1. No consciente del problema: nuestros potenciales clientes viven ajenos al problema y no tienen ninguna intención de solucionar nada.

2. Consciente del problema: sabe que tiene un problema y una necesidad, pero no que lo pueda resolver. En estos dos primeros niveles te va a tocar educar y evangelizar a tus clientes potenciales.
3. Consciente de la solución: el cliente es consciente de que existen distintas soluciones para su problema. Está en una fase de investigación, evaluando activamente marcas para una posible compra, pero no conoce todavía la tuya.
4. Cliente consciente del producto, te conoce y tiene idea de lo que ofreces, pero todavía no está plenamente convencido. Está en un proceso de comparación porque, al igual que tú, otras marcas están impactándole con ofertas y soluciones prometedoras.
5. Totalmente consciente y decididos a comprar: en este punto el potencial comprador está listo para tomar la decisión de compra. Conoce su necesidad, sabe cuál es su solución y sabe que tú se la puedes ofrecer a través de tu producto o servicio. Está casi decidido a comprarte, pero le hace falta un último empujón.

Al comprender estos niveles de consciencia podrás ajustar mejor tus estrategias de *marketing* y comunicación para gestionar las características específicas de cada etapa. De este modo, se incrementarán las posibilidades de convertir a los clientes potenciales en compradores, mejorando así tus objetivos comerciales.

De hecho, en el mercado conviven dos estrategias opuestas:

1. Hacer algo que la gente quiere

Responde a la pregunta: ¿vamos a servir a un mercado ya existente?

Tenemos como ejemplo un servicio de niñeras. Otro ejemplo más sofisticado sería el caso de Airbnb, que identificó la necesidad de las personas de encontrar un alojamiento económico durante sus viajes. Al ofrecer una plataforma en línea que conecta a los viajeros con anfitriones que alquilan sus propiedades, ha satisfecho esta demanda.

2. Hacer que la gente quiera algo

Relacionado con la pregunta: ¿vamos a lanzar nuestro servicio en un nuevo mercado todavía por crear? Steve Jobs decía que «la gente no sabe lo que quiere hasta que se lo enseñas».

Seguro que lo has visto en más de una ocasión: los clientes conocen sus problemas, aunque a veces no los definen bien, pero no las soluciones que necesitan. También Bob Lutz, exvicepresidente de GM, se hace eco de estos sentimientos: «el cliente es, en el mejor de los casos, un espejo retrovisor. Te puede decir lo que le gusta entre las opciones que ya existen. Pero, cuando se trata del futuro, ¿por qué esperar que el cliente sea el experto en creatividad? Al fin y al cabo, esa es nuestra función».

Tesla ha aumentado la demanda de coches eléctricos al enfocarse en el diseño atractivo, el rendimiento superior y la conducción sostenible. A través de su visión y estrategia de mercado, ha logrado que las personas se interesen por este tipo de coches, transformando la industria del automóvil.

Por otro lado, tenemos a Peloton, una empresa que ha revolucionado la industria del *fitness* y el ciclismo en espacios interiores. En lugar de ofrecer simplemente bicicletas estáticas de alta calidad, ha creado una experiencia completa para sus usuarios, desarrollado una plataforma de *streaming* que ofrece clases de ciclismo en vivo y bajo demanda. Esto ha permitido a los usuarios participar en sesiones de entrenamiento desde sus casas. La empresa ha combinado tecnología, contenido de alta calidad y una comunidad en línea activa para crear una experiencia atractiva para sus clientes.

Su enfoque en la experiencia de usuario y en ofrecer un ecosistema completo es lo que ha diferenciado a esta empresa. Se ha llegado a comparar con Apple (por la mezcla de *hardware* y *software*) y con Netflix (por la suscripción a sus contenidos), y sus precios rondan los 2200 euros para la bicicleta, con una suscripción mensual en torno a los cuarenta euros.

El determinar claramente cuál de las dos estrategias vamos a seguir es fundamental porque nos ayudará a priorizar. Si nos movemos en la primera estrategia (hacer algo que la gente quiere), implica que estamos atacando un mercado con muchas opciones, lo que supone alta competencia y, muy posiblemente, saturación de oferta. En este escenario, ser

diferentes va a ser más asequible que buscar ser los mejores.

Pensemos en el servicio de niñeras. Para ser diferentes, podríamos modificar sus características más comunes y diseñar un modelo de suscripción anual para diferenciarnos del pago por uso, así como ofrecer servicios:

- De mayor cualificación, en el que las niñeras tengan certificaciones adicionales (primeros auxilios, atención a niños con necesidades educativas especiales, etc.).
- Programas personalizados que se adapten a cada familia (actividades educativas, desarrollo de habilidades como música, lectura, etc.).
- Utilizar la tecnología para facilitar la comunicación y transparencia con los padres.

Si queremos desplegar la segunda estrategia (hacer que la gente quiera algo), entramos en un océano azul, con menos competencia y donde es más fácil destacar. En este caso, los esfuerzos no estarían enfocados ni en ser distintos ni los mejores, sino en tener la capacidad de convencer al usuario de que somos confiables y de las innumerables ventajas y beneficios que van a obtener. Aquí la clave es crear **confianza** y **autoridad**.

Triángulo necesidad-valor-solución

Hay un concepto que aprendí hace años, cuando empecé a trabajar con el modelo de análisis de negocio BABOK (*Business Analysis Body of Knowledge*), y es la triada **necesidad-valor-solución**. Esta es una de las herramientas de aproximación que utiliza el analista de negocio en su primera toma de contacto con la empresa, para crear sus hipótesis sobre las que desarrollará luego su propuesta. El primer paso consiste en detectar las necesidades del grupo de interés al que se dirige. Cuanto más precisos seamos en la definición de esa necesidad y esos atributos, más certeros serán el resto de los pasos. Esto se suele expresar, de forma simplificada, con las siguientes cinco opciones:

1. Define el problema y necesidad más importante que tu cliente tiene que resolver.
2. Estudia sus recursos disponibles y su situación económica.
3. Estudia su competencia y en qué se diferencia.
4. Propón una solución inicial y, si es posible, impleméntala (en su caso) con un piloto.
5. Cerciórate que con dicha propuesta se han solucionado sus puntos de dolor.

Hace unos meses estaba impartiendo formación relacionada con este modelo de negocio y les ponía este ejemplo:

Google Glass fue un dispositivo de realidad aumentada lanzado por Google en 2013 que se presentó como una tecnología futurista para mejorar la vida cotidiana. La estrategia era promocionar este dispositivo como algo novedoso y exclusivo y venderlo a un precio relativamente alto. Sin embargo, Google Glass no logró conectar con los consumidores de la manera esperada. Muchos cuestionaron su utilidad y privacidad y, otros, simplemente no estaban dispuestos a pagar ese precio por algo que no les parecía especialmente práctico. Fue retirado del mercado en 2015 debido a su falta de aceptación en el mercado.

También los grandes cometen errores. En este caso, no había en el mercado una necesidad subyacente y su producto se enfocó en un segmento de mercado que no percibió ni utilidad ni características de estatus. No había disponible nada similar, con lo que habría que haber hecho una labor previa de comunicación para cambiar marcos de pensamiento.

Apple ha retomado este último año la batalla, con lo que llaman las nuevas gafas de realidad mixta Apple Vision Pro. Veremos si ahora, una década más tarde, han conseguido aprender de los errores de otros.

Por otro lado, tenemos el caso de JCPenney, una cadena de tiendas departamentales que en 2012 decidió implementar una nueva estrategia bajo el liderazgo de su consejero delegado, Ron Johnson. La estrategia consistía en eliminar las ventas y los descuentos frecuentes y ofrecer precios más bajos durante todo el año. Sin embargo, esta estrategia no fue bien recibida por los clientes y generó una abrupta cadena de pérdidas.

Los consumidores estaban acostumbrados a las ofertas y promociones de la marca, y su eliminación hizo que muchos clientes se pasasen a la competencia. JCPenney experimentó una disminución significativa en las ventas y en el valor de las acciones, y Johnson fue despedido en 2013. Aquí tenemos el caso opuesto: las necesidades de los clientes están relativamente satisfechas y, en un intento de cambiarlas, los clientes lo perciben como un agravio y comienzan a acudir a su competencia.

Cuando te enfrentes a un reto, conviene que desarrolles el hábito, tanto si se trata de un problema táctico como estratégico, de visualizar mentalmente este triángulo de necesidad-valor-solución. Tomando como ejemplo la escuela de negocios que mencioné en la parte de la cadena de valor (capítulo 4), tendríamos una triada que pivotaría sobre lo siguiente:

Necesidad: mayor percepción de calidad en las prácticas ofrecidas.

Valor: prácticas en organizaciones de más prestigio.

Solución: desarrollar e implantar un plan de alianzas y comunicación.

Si estás arrancando tu proyecto empresarial ahora, te recomendaría encarecidamente que intentes aplicar el famoso principio KISS (*Keep It Simple,*

Stupid!). No te líes con demasiadas cosas ni intentes abarcar muchas áreas y herramientas a la vez.

Tendemos a invertir mucho tiempo en diseñar o ejecutar detalles sin importancia, en vez de poner toda nuestra atención en lo que de verdad marca la diferencia.

Un ejemplo de aplicación de este principio lo tenemos en el ingeniero aeronáutico Kelly Johnson, durante la Segunda Guerra Mundial, en una empresa especializada en el diseño de aviones militares. El equipo, dirigido por Johnson, tenía como objetivo diseñar un avión que pudiera ser reparado por cualquier mecánico durante la campaña militar. Para ello, solo facilitó a su equipo de ingenieros unas pocas herramientas, las mismas que podría tener esa persona que repararía el avión en el campo de batalla.

Este particular postulado se relaciona sobre todo con la ingeniería, dado que muchos sistemas tecnológicos funcionan mejor si se evitan las complejidades innecesarias. No obstante, es perfectamente aplicable a casi todos los sectores.

El principio KISS te hará eficiente, te ahorrará quebraderos de cabeza y te ayudará a evitar dispersiones innecesarias de energía, tiempo y recursos.

Estrategia abierta

En las evaluaciones EFQM que he realizado siempre había un factor que se repetía constantemente, y es la correlación existente entre el compromiso de los empleados con la organización y su participación en la elaboración de la estrategia. Aquellos a los que se les daba voz y voto para opinar tanto en cuestiones operativas como en la elaboración estratégica mostraban una actitud muy favorable hacia la empresa, su estructura y sus directivos. En aquellas organizaciones que no los tenían en cuenta mostraban un desinterés absoluto por la organización y un gran desconocimiento de la estrategia, limitándose a conocer la pequeña esfera laboral en la que desarrollaban su trabajo.

La forma tradicional de elaborar la estrategia era juntar al grupo de altos ejecutivos de la empresa (la *C-suite*) y, entre ellos y su inspiración, elaborar un documento con muchas palabras rimbombantes, pero, muchas veces, desconectado de las capacidades, recursos y cultura de la empresa. Ese documento se pasaba a un PowerPoint, se imprimía y se encuadernaba, y pasaba a dormir el sueño de los justos, mientras todo el mundo continuaba haciendo lo mismo de siempre, de la misma forma que siempre.

En julio de 2019, José María Álvarez-Pallete, presidente de Telefónica, realizó una pregunta a sus 115 000 empleados: ¿qué haríais para mejorar la compañía?

La respuesta fue sorprendente: desarrollar una nueva estrategia.

Cuatro meses más tarde, se puso en marcha el mayor cambio de la historia de Telefónica. Álvarez-Pallete dio la orden de retransmitir en directo toda la cumbre ejecutiva de la empresa a todos los empleados, invitándoles a comentar y reaccionar.

El compromiso continuó a gran escala: ese año hubo 11.5 millones de publicaciones, comentarios y reacciones de los empleados en su plataforma digital. Los líderes respondieron, Álvarez-Pallete se involucró al máximo y, en noviembre de 2019, la compañía se embarcó en el mayor giro estratégico de su historia. Fue algo más que un ejercicio aislado para recabar opiniones.

Abrir y democratizar el proceso de elaboración de la estrategia de este modo genera mejores ideas, planes más realistas, un mayor compromiso de los empleados con la estrategia y una ejecución más eficaz que el enfoque tradicional.

Aunque se llame estrategia abierta, no significa que haya libre albedrío. Ha de realizarse siguiendo un procedimiento riguroso y estableciendo las reglas de juego sobre cómo y cuándo participar, así como incentivos a la participación.

El apoyo activo de los altos directivos es fundamental para conseguir implicar a los empleados en torno a la estrategia. En Telefónica, el presidente y su equipo directivo se implicaron activamente en las conversaciones sobre estrategia, lo que causó una gran impresión.

Cuando el equipo se siente involucrado y tiene la oportunidad de contribuir, se genera un mayor compromiso y sentido de responsabilidad hacia la ejecución de la estrategia. Ignorar esto propicia que el equipo entre en la fase de cumplimiento (cumplo y miento).

Pero la estrategia abierta no se queda allí, sino que va un paso más allá, intentando aglutinar también en su grupo de trabajo a expertos, proveedores, clientes y empresarios del sector. No solo Telefónica ha implantado esto con éxito, sino compañías como Red Hat, Adidas o Barclays también se han inclinado por esta estrategia abierta.

Esta lección queda muy bien ilustrada en otro de los experimentos sociales de Kahneman. En este caso, organizó una lotería y a la mitad de los participantes se le asignó al azar un billete de lotería numerado. A la mitad restante se le dio un billete en blanco y un bolígrafo y se le pidió que eligiera su propio número de lotería. Justo antes de sacar el número ganador, los investigadores se ofrecieron a recomprar todos los boletos. Querían averiguar cuánto tendrían que pagar a las personas que escribieron su propio número en comparación con las que recibieron un número al azar.

Lo racional sería que no hubiera diferencias en la cantidad que los investigadores tuvieran que pagar a la gente, dado que, al final, una lotería es puro azar.

Cada número, elegido o asignado, debería tener el mismo valor porque tiene la misma probabilidad de ser el ganador. La respuesta, sin embargo, es completamente irracional. Independientemente de la nacionalidad, el grupo demográfico o la cuantía del premio, las personas que escriben su propio número de billete de lotería siempre exigen al menos cinco veces más que los demás por sus billetes. Esto revela una verdad importante sobre la naturaleza humana. Como dice Bill George, exdirector general de Medtronic: «la gente apoya lo que ayuda a crear».

La psicología que lo explica está relacionada con nuestro deseo de control, que es un instinto de supervivencia muy arraigado. Aprovechar el «efecto billete de lotería» lleva tiempo, pero el rendimiento es alto. El exconsejero delegado de Adidas, Herbert Hainer, adoptó un enfoque colaborativo para ejecutar su estrategia y afirmó lo siguiente: «tardamos cinco meses, pero el proceso desató un enorme espíritu, nuevas ideas y creatividad».

Aprendizaje organizacional

Chris Argyris propuso el concepto de aprendizaje organizacional basado en los bucles de retroalimentación. Estos bucles representan la forma en que las empresas aprenden de sus experiencias y ajustan sus estrategias y planes de acción, lo que influye directamente en el diseño.

El **aprendizaje de bucle simple** se refiere a la capacidad de una organización para aprender de sus acciones y corregir errores en función de la retroalimentación recibida. En este caso, se realizan pequeños ajustes en las prácticas existentes en nuestra empresa para mejorar los resultados. Es un proceso incremental de aprendizaje y mejora continua, pero que ignora la verdadera causa del problema. La acción A no nos funciona, vamos a intentar la acción B. Por ejemplo, si una empresa de servicios detecta que algunos clientes se quejan de tiempos de respuesta lentos, podemos incrementar los recursos destinados a gestionar esas consultas, es decir, poner más personas a contestarlas.

Por otro lado, **el aprendizaje de doble bucle** implica un nivel más profundo de reflexión y cuestionamiento. En lugar de simplemente corregir errores, se examinan los supuestos, los valores y las creencias subyacentes que guían nuestras acciones. Aquí buscamos entender las causas fundamentales de los problemas y exploramos nuevos enfoques, para lograr cambios significativos en la forma en que hacemos el trabajo. ¿Cuáles fueron nuestras consideraciones para adoptar ciertos procedimientos? ¿Qué salió bien y qué debería mejorarse? Por ejemplo, si la misma empresa de servicios experimenta una alta rotación de personal, en lugar de simplemente contratar nuevos empleados podríamos realizar un análisis más profundo para identificar las causas raíz, como una falta de desarrollo profesional, un ambiente de trabajo poco motivador o unas retribuciones inferiores a las de la competencia. A continuación, podríamos implementar programas de capacitación y desarrollo, así como mejorar la cultura organizativa o retributiva.

Finalmente, **el aprendizaje de triple bucle** lleva el proceso un paso más allá al cuestionar los propios marcos de referencia y paradigmas de la empresa. Tratamos de cuestionar los supuestos fundamentales y las normas establecidas, para abrirnos a nuevas formas de pensar y actuar. Implica una transformación profunda en la forma en que concebimos a nuestra empresa y su relación con su entorno. Continuando con el ejemplo de la empresa de servicios, si nos damos cuenta de que su enfoque centrado en la maximización de beneficios está disminuyendo la calidad del servicio al cliente, podríamos replantear sus valores y redefinir su propósito, para priorizar la satisfacción del cliente sobre los beneficios financieros a corto plazo. Esto implicará cambios significativos en la forma en que la empresa opera y se organiza y afectará no a uno sino a varios departamentos, modificando los recursos que asignamos a los mismos.

El aprendizaje organizacional fortalece la elaboración de la estrategia al fomentar la adaptación, innovación y mejora continua en las empresas. La mayor parte de las veces, el bucle simple será insuficiente para conseguir una buena adaptación estratégica y tendremos que seguir profundizando.

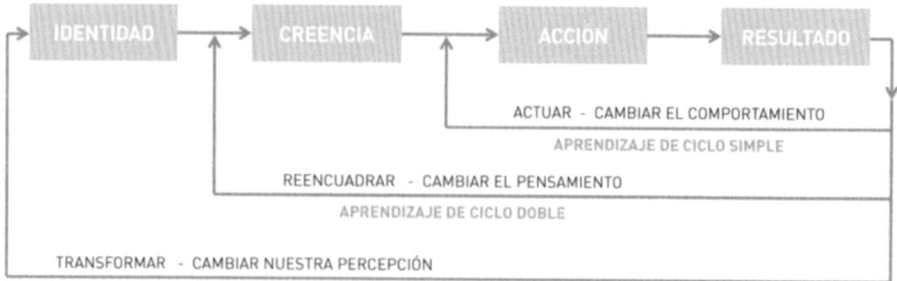

«La estrategia es como el arte de la guerra: saber cuándo atacar, cuándo retirarse y cuándo esperar el momento oportuno para la victoria» (Sun Tzu).

Capítulo 7. Implementación de la estrategia

El consejo de los 300 000 euros

Vámonos ahora a Pittsburgh, al año 1890. Estamos en un evento en el que tenemos a dos leyendas. Andrew Carnegie, uno de los empresarios más ricos de la historia de Estados Unidos, por un lado. Por otro lado, Frederick Taylor, consultor y autor del conocido *Principles of Scientific Management*.

Carnegie, que quería poner en duda las habilidades de Taylor, le lanzó un reto. Le ofreció 10 000 dólares (equivalente a unos 300 000 hoy en día) si era capaz de darle un consejo sobre gestión que mereciera la pena escuchar.

Taylor respondió con una sencilla indicación:

«Mr. Carnegie, mi consejo sería que hiciera una lista de las diez cosas más importantes que pueda hacer. Y, entonces, empiece a hacer la número uno».

De acuerdo con la historia, Taylor recibió un cheque de 10 000 dólares a la semana siguiente.

¿Valen los 300 000 euros el consejo de Taylor?

La cuestión es que la simplicidad del consejo de Taylor roza lo ridículo y, sin embargo, las cosas más sencillas son, muchas veces, las que menos se hacen.

Aquí hay que considerar que el simple hecho de detenernos a pensar y construir esa lista de prioridades ya tiene valor en sí mismo. Un mal que afecta a muchos emprendedores es la **flojera del análisis**. Si te cuesta buscar información, analizarla y poner las conclusiones negro sobre blanco para, a partir de ahí, establecer prioridades, entonces ni el emprendimiento ni la estrategia son para ti. No subestimes ni escatimes esfuerzos en hacer estos análisis con rigor.

El ejercicio de redactar una lista, como le recomendó Taylor, es importante porque nos obliga a elegir qué hacer y, sobre todo, qué no hacer.

Pero el consejo de Taylor no acababa ahí. También le recomienda a Carnegie que «empiece por la primera». Si la hemos colocado la primera es porque es lo más importante, y será probablemente aquello donde más beneficio obtendremos al invertir nuestro tiempo y recursos. Sin embargo, ¿cuánto tiempo pierden las empresas en prioridades que no son, ni de lejos, las más importantes? ¿Y tú? ¿Tienes las prioridades ya establecidas? Y, más importante, ¿te estás centrando realmente en ellas?

Elaboración de la estrategia en un entorno cambiante

Una de las claves de la estrategia es tener la habilidad de ver la situación en su conjunto, el panorama global, y ser capaz de centrarte en el largo plazo.

Las empresas con mayor éxito son las que mantienen un adecuado **equilibrio** entre **pensar, planificar y ejecutar.** Son las que dedican tiempo a analizar qué acciones han realizado y cómo de bien o de mal han producido los resultados deseados. Te darás cuenta de que estás mejorando en pensamiento estratégico cuando:

- Tu primera respuesta a una situación sea realizarte preguntas abiertas. Pensar que la estrategia tiene que ver con responder preguntas te ayudará a potenciar el **pensamiento estratégico.** Y, generalmente, las preguntas que permiten respuestas abiertas llevan a estrategias más robustas y a empresas más implicadas.
- Seas capaz de percibir tendencias actuales y pasadas que afecten directa o indirectamente a tu empresa.
- Veas posibilidades en el mercado que puedan ser aprovechadas con los recursos y capacidades de tu empresa.
- Te acostumbres a visualizar escenarios múltiples, proyectando en el futuro la ejecución de las distintas líneas a seguir.

Los escenarios son posibles interpretaciones de lo que puede ser el futuro y visualizarlos nos ayuda a tomar mejores decisiones. Ayudan a que el futuro parezca familiar y a no descartar lo impensable. Aunque ya te confieso que no es especialmente sencillo elaborar escenarios. Para ser **inspiradores**, deben ser creativos. Pero, para ser **relevantes**, deben ser probables y consistentes internamente. Y, para ser **útiles**, deberían estar centrados en la situación o problema actual.

- Elimines la tentación de la dispersión. La estrategia es decidir, y eso supone renunciar y dejar de dotar de recursos a determinadas líneas de acción para apalancarte en las que realmente contribuyen a la generación de valor. El caos es el estado natural en el mercado actual. Las oportunidades son infinitas y nadie quiere cerrarse puertas. Sin embargo, si no las cerramos, si queremos llegar a todas partes, lo más probable es que no lleguemos a ningún sitio. Cuando los objetivos y la estrategia están **claros y son coherentes entre sí** y se los **transmitimos** al equipo, pasa algo extraordinario, y hace que nos podamos desentender parcialmente de su gestión diaria. Y esto es porque un equipo que sabe a qué juega, no necesita supervisión constante. De esa forma, el mero hecho de ser estratégico te libera para poder pensar estratégicamente, creando así un ciclo de retroalimentación positiva.

- Te asegures de que la organización tenga datos para fundamentar las decisiones:

datos internos de la propia organización y datos de la competencia. Para calibrar cómo de eficiente es nuestra estrategia, es muy útil comparar nuestros datos con los del resto de competidores. Además, ayuda a que te despojes del síndrome de la falsa certeza y dejes de creerte que eres el único caballo en la carrera. Este sesgo es uno de los que más me he encontrado a lo largo de los años. Piensan que, como no hay un negocio exactamente igual al suyo, la competencia no es un factor determinante. Gran error.

- Te acostumbres a evaluar el riesgo constantemente y a que conviva con tu toma de decisiones.

En relación con esto último, Andy Grove, exconsejero delegado de Intel y autor del libro *Only the Paranoid Survive,* afirmaba que «el éxito alimenta la complacencia. La complacencia alimenta el fracaso. Solo el paranoico sobrevive».

Bill Gates también afirmaba en una entrevista que «el miedo debe guiarte, pero debe ser latente. Yo considero el fracaso de forma regular. En este negocio, cuando uno se quiere dar cuenta de que está en apuros, ya es demasiado tarde. A no ser que siempre tengas miedo, estás acabado. Ninguna empresa está a más de dos años del desastre».

Louis Gerstner, presidente de IBM en los años noventa, fue el artífice del gran cambio interno que salvó a la compañía del declive de los grandes ordenadores, al enfocarla en los servicios de tecnologías de la información. El sostenía que «la transformación de una empresa comienza por una sensación de crisis o de urgencia. Ninguna institución hará cambios fundamentales, a no ser que crea estar en serios apuros y que necesite hacer cosas nuevas para sobrevivir».

No cabe duda de que el primer paso para hacer frente a un desafío es darse cuenta de que hay un desafío. Todos estos puntos que acabamos de ver no hace falta plasmarlos en un documento de ochenta hojas. Se trata de tener los instrumentos de nuestro avión operativos para poder pilotarlo y llegar a nuestro destino.

Los buenos estrategas aceptan que el entorno es complejo y asumen que no tienen todas las respuestas. No obstante, sí que han desarrollado una especial habilidad para encontrar patrones y diseñar acciones que les permiten moldear, en mayor o menor medida, el mercado.

Si se entiende bien el contexto, conseguiremos encontrar intereses comunes con aliados, anticipar las sorpresas que tumban a otros, no dejar pasar de largo las oportunidades y centrar los procesos de cambio.

Blockbuster es un claro ejemplo de lo que supone no estar pendiente del entorno. Esta empresa fue, durante años, el líder indiscutible en el alquiler de películas, pero su estrategia de mantenerse enfocada en las tiendas físicas le llevó a su fracaso. A medida que la tecnología avanzaba, el modelo de negocio de Blockbuster se volvió obsoleto, y no pudo adaptarse a la creciente popularidad del *streaming* de películas y series. La empresa también falló en su intento de competir con Netflix, que se había enfocado en el modelo de suscripción en línea. Blockbuster se declaró en bancarrota en 2010 y cerró todas sus tiendas años más tarde. Si tenía identificada a su competencia, desde luego no estudio con rigor sus productos y servicios o, simplemente, subestimó su potencial.

Sears es otra empresa que también podríamos incluir en la categoría de «despistados de su entorno». En este caso, era una empresa líder en la venta minorista, pero su estrategia de mantenerse enfocada en las tiendas físicas y no invertir lo suficiente en tecnología y en la venta en línea le supuso perder una importante parte del mercado minorista, que pasó a manos de Amazon y otros proveedores similares. Comenzó a reducirse rápidamente su cuota de mercado y se declaró en bancarrota en 2018.

Y, en contraposición a estas dos empresas, tenemos a otra que ha sido capaz de comprender el entorno y de capitalizar excepcionalmente bien una necesidad existente. Se trata de Joe Masilotti y su empresa RailsDevs creada en el 2021. Joe aprovechó una enorme necesidad de desarrolladores en el *framework* Ruby on Rails para aplicaciones web y creó una bolsa de trabajo para este nicho. La única peculiaridad es que se trata de una bolsa de trabajo inversa en la que, en lugar de ser las empresas quienes publican sus puestos, son los programadores los que crean sus perfiles en la plataforma.

Esto aporta una ventaja añadida a los desarrolladores, que no pierden el tiempo buscando puestos que no son para ellos. Por otro lado, las empresas no se ven inundadas con numerosas solicitudes, dado que serán ellas quienes les contactarán si están interesadas. Su éxito ha sido espectacular y no ha parado de crecer cada mes a través de suscripciones mensuales y tarifas de contratación, facturando en torno a 200 000 dólares en un año de vida. Todo esto, sin empleados en su plantilla. Y lo curioso es que Joe empezó con un Excel y sin plataforma de pago, enviando facturas por *mail*. Veremos la importancia de lo simple cuando estudiemos el producto mínimo viable (PMV).

Anticipación, adaptación y renuncia

Abordaremos ahora tres conceptos claves que alimentan la estrategia y que están relacionados con el momento en el tiempo en que suceden: anticipación, adaptación y renuncia.

Cuando vemos el futuro como estático y predecible, el paradigma de toma de decisiones asume que los eventos futuros se basan en patrones recurrentes del pasado. En este caso, se confía ciegamente en un enfoque de toma de decisiones basada en herramientas analíticas y predecibles para escoger las mejores opciones. Este es un error que hay que intentar evitar a toda costa.

En los últimos veinte años ha quedado suficientemente claro que la práctica sistematizada de la anticipación es crítica para la supervivencia de la empresa a largo plazo. Para **anticipar** correctamente, tenemos que comprender y tener bien definidos tres conceptos: la situación actual, los objetivos fijados y el entorno que nos rodea. La anticipación se alimenta de estos tres elementos y es, a su vez, influenciada por la incertidumbre. Cuanto más complejo sea el entorno en el que opera nuestra empresa, mayor será la incertidumbre y la necesidad de respuestas efectivas. Aunque lo ideal sería que nuestra estrategia priorizase la anticipación, la realidad es que las empresas suelen dedicarle poco tiempo.

Tenemos como ejemplo a Spotify, que se anticipó al cambio en los hábitos de consumo musical al lanzar una plataforma de *streaming* que ofrecía acceso a una amplia biblioteca de música bajo demanda. Su enfoque centrado en el usuario y su capacidad para prever y adaptarse a las necesidades cambiantes del mercado les permitió convertirse en líderes de su sector y transformar la forma de consumo de la música. Su modelo de negocio basado en la suscripción mensual y reproducción de anuncios les proporcionó una ventaja competitiva muy importante.

Por otro lado, su prima hermana, la **adaptación,** viene de conjugar la complejidad propia de nuestra empresa con los caprichos del entorno. Una empresa muy centrada en su adaptación tenderá a confiar en estrategias reactivas. Por el contrario, una empresa con gran capacidad de anticipación planificará y será proactiva, como es el caso de las compañías eléctricas, que pueden planificar su potencia para generar en función de datos históricos y previsiones demográficas e industriales.

Adaptarse exige, como la anticipación, tener visión de futuro. Pero se centra en superar los mercados y las funcionalidades actuales. Para lograrlo, hay que cultivar la inteligencia de mercado y la prospectiva, pero también acudir a la periferia de la compañía para conocer de primera mano cómo cambian sus necesidades y expectativas: usuarios jóvenes, *early adopters*, mayoría tardía, nuevas tecnologías, nuevos servicios, etc.

Decía Richard Branson en los inicios de Virgin Atlantic Airways que «no existe una buena idea desde el principio, solo hay ideas que implementamos y otras que no implementamos».

Y es que cualquiera puede elaborar una estrategia. No obstante, solo los buenos estrategas son capaces de percibir cómo los eventos del entorno abren o cierran oportunidades para el viejo plan. Incluso dan lugar a planes nuevos que ni siquiera fueron contemplados en el inicio.

Es por esa necesidad de adaptación que la estrategia no puede ser creada en el vacío, dado que su escenario de ejecución no estará ahí, sino en un contexto marcado por las acciones de la competencia y las nuevas exigencias del mercado.

Hay un modelo que tuvo su auge hace ya unos años y que recoge de forma indirecta esa necesidad de conjugar la adaptación y anticipación a través de un círculo virtuoso.

El **bucle OODA** (Observar, Orientar, Decidir, Actuar) es un concepto desarrollado por el coronel John Boyd y, aunque se gestó en el ámbito de la estrategia militar, ha influido bastante en la estrategia empresarial.

No es más que un modelo cíclico que describe el proceso de toma de decisiones y ejecución de acciones en situaciones de alta incertidumbre y adversidad. La idea central del bucle OODA es que la velocidad, la anticipación y la adaptabilidad son fundamentales para superar a los competidores.

Consta de cuatro fases:

- **Observar**, fase en la que se recopilan datos e información relevantes sobre el entorno y la situación.
- **Orientar**, en la que se analizan esos datos y se evalúa la situación en la que se encuentra nuestra empresa para comprenderla en su totalidad, buscando formas y medios para usarla en nuestro favor.
- **Decidir**, donde se elige la mejor acción a seguir en función del análisis y la comprensión previa. Cuanto más afinado

tengamos nuestro criterio, más valor aportaremos en esta fase.

- **Actuar**, fase en la que se pasa a la acción implementando la decisión tomada.

Este modelo recalca no solo la importancia de recoger la información precisa y relevante, sino de procesarla rápidamente Una vez que se ha actuado, se vuelve a observar para evaluar los resultados y reiniciar el ciclo, buscando superar a los competidores al comprender y responder más **rápidamente** a los cambios del entorno y las circunstancias.

Un ejemplo de éxito empresarial que destaca por su capacidad de adaptación estratégica es LEGO. En la década de 1990, la compañía sufrió una crisis financiera debido a la competencia de los videojuegos y la disminución de la demanda de juguetes tradicionales. Sin embargo, en lugar de rendirse, LEGO reevaluó su estrategia y se adaptó al mercado digital y a las preferencias cambiantes de los niños. Lanzaron nuevos productos temáticos, como sets de *Star Wars*. Además, invirtieron en plataformas digitales y desarrollaron videojuegos, aplicaciones móviles y plataformas en línea que permitían a los usuarios interactuar con los productos LEGO de otra forma. Pero no solo eso, han establecido asociaciones con empresas de tecnología como Microsoft para integrar la realidad aumentada y la programación en sus productos. Un muy buen ejemplo de alianza estratégica.

Tendrás que vigilar de cerca lo que está haciendo tu competencia, así como las mejores compañías del mundo en tu sector. Debes comprar sus productos y usar sus servicios. Pasa tiempo en sus instalaciones o en sus web y plataformas, analizando sus características clave, cómo de eficaces, simples y estéticas son sus soluciones, sus funcionalidades, sus precios. Identifica qué necesidades y deseos velados satisfacen, sus embudos de venta, su *marketing*, su servicio posventa, cómo lanzan el producto en el mercado y cómo lo posicionan. Esto nos servirá para analizar cómo nuestra competencia se está adaptando al entorno y qué estrategias están utilizando. No empieces de cero inventando la rueda, consumirás mucho tiempo y energía.

Todo esto explica por qué considerar la estrategia como un acontecimiento anual es tan peligroso. Si se produce un cambio relevante un mes después de finalizar el proceso de planificación estratégica anual, ¿realmente tienen que pasar otros once meses antes de que se examine y se tenga en cuenta dicho cambio?

En cuanto al tercero, la **renuncia**, Michael Dell decía que «en la empresa, la decisión más difícil es qué no hacer».

Decidir viene del latín *decidĕre*, que significa «cortar», algo que cuesta enormemente a empresarios y directivos.

Si hay una empresa que ilustra esto especialmente bien es el caso de Apple, que, en septiembre de

1997, a dos meses de la bancarrota, redujo los modelos de ordenador de quince a uno. Ese porfolio reducido sigue siendo una de las claves de su eficiencia y de su éxito financiero.

Tenemos otro ejemplo muy conocido de cómo las organizaciones se pierden en objetivos teóricamente importantes, que permiten tener ocupados a sus empleados, pero no enfocados en la estrategia. Para ello, vamos a fijarnos en todos los objetivos de la NASA en 1958, año de su creación:

- Ampliar el conocimiento humano sobre los fenómenos atmosféricos y del espacio.
- Mejorar la funcionalidad, el desempeño, la rapidez, la seguridad y la eficiencia de los vehículos aeronáuticos espaciales.
- Diseñar vehículos capaces de transportar al espacio instrumentos, equipos, suministros y organismos vivos.
- Preservar el papel de EE. UU. como líder de la ciencia aeronáutica y espacial.
- Poner a disposición de agencias involucradas con la defensa nacional información relevante.
- Cooperar con otras naciones o grupos de naciones.
- Usar de la forma más eficiente posible recursos científicos e ingeniería.

A pesar de haber establecido tantos objetivos, la realidad era que hasta 1961 la URSS había logrado llegar al espacio, primero con dos satélites y luego con dos cosmonautas, mientras las naves de

Estados Unidos seguían explotando antes de despegar.

Poco después, al llegar Kennedy a la presidencia, afirmaría lo siguiente: «esta nación debería comprometerse a cumplir el objetivo de llevar un hombre a la luna y traerlo de regreso a la tierra sano y salvo antes de que termine la década».

Este mandato lo cambió todo. La NASA tuvo que elegir las tres batallas que tenía que ganar, que fueron: **navegación, propulsión y soporte vital**. A estas tres cosas se redujo todo, y aquí se puso el foco y los recursos. El resultado es ya conocido por todos.

Visto todo esto, podemos afirmar que una gran parte del éxito de la estrategia dependerá de:

- Lo **predecible** que sea el entorno.
- Nuestra capacidad para **anticipar** y hacerlo mejor que nuestros competidores.
- Nuestra capacidad para construir una empresa eficiente que se **adapte** a las demandas del entorno.
- El foco, que evitará que dispersemos tiempo y recursos y que determinará a qué **renunciaremos**.

¿Adaptación o síndrome de Procusto?

En la mitología griega, Procusto era un posadero de Eleusis, ciudad de la antigua Grecia, que tenía una casa en lo alto de una colina en la que acogía a los viajeros solitarios, a los que les dispensaba una gran hospitalidad, con un trato amable y servicial.

Pero, al dormirse los invitados, Procusto los amordazaba y comprobaba si su tamaño difería con el de la cama de hierro en la que les acostaba. En el caso de que la persona en cuestión sobrepasara el tamaño de la cama, Procusto pasaba a cortar los elementos que sobresalieran de ella. Si, por el contrario, era más baja y no la ocupaba por entero, le rompía los huesos con un mazo, con el fin de estirarlo. En resumen, hacía que sus visitantes se ajustaran siempre a las medidas de su lecho.

El síndrome de Procusto es una analogía que se utiliza en el ámbito de la estrategia para referirse a la tendencia de intentar adaptar la realidad a las teorías y modelos que tenemos preconcebidos, en lugar de hacerlo al revés y adaptar nuestros modelos de negocio a la realidad.

Si experimentamos este síndrome en la elaboración y ejecución de la estrategia de nuestra empresa, tendremos más de un problema. Uno de ellos será olvidarnos de la flexibilidad que requiere y empeñarnos en forzar que nuestra empresa se adapte a la estrategia que hemos diseñado, caiga quien caiga. No importa que la estrategia no tenga en cuenta una tendencia del entorno, esté desfasada, o no sea aplicable a la situación actual. Este empecinamiento irracional conducirá, indefectiblemente, a un estrepitoso fracaso.

Además, el síndrome de Procusto nos puede llevar a centrarnos obsesivamente en una única solución a un problema, lo que puede resultar en la exclusión de otras soluciones alternativas más viables. Esto nos limitará las opciones disponibles y nos hará ser menos competitivos.

Por tanto, evitarás este problema si eres consciente de la importancia de disponer de una estrategia **flexible** y de estar pendiente del entorno, con el fin de poder adaptarte a la realidad del mercado.

Un ejemplo de esto podría ser la cadena de tiendas de videojuegos GameStop, que se enfocó en la venta de juegos físicos y consolas, mientras ignoraba la creciente popularidad de los juegos digitales. A medida que los consumidores optaron cada vez más por la descarga de juegos digitales en línea, GameStop tuvo dificultades para mantenerse rentable, y tuvo que cerrar muchas de sus tiendas. Su falta de adaptación a los cambios en el mercado de los videojuegos es un claro ejemplo del síndrome de Procusto en la ejecución de la estrategia.

Y otro ejemplo más conocido es el de Blackberry. Durante años, la empresa se enfocó en su negocio principal de fabricar teléfonos móviles con teclados físicos y, aunque inicialmente tuvo un gran éxito, no supo adaptarse al cambio de tendencias de mercado, cuando los *smartphones* con pantallas táctiles se volvieron populares.

Las BlackBerry funcionaron muy bien en el mundo laboral. Sus baterías duraban largas horas y su consumo de datos era bajo. Pero llegó Apple y, en su línea, todo eso le importa poco o nada. Sí, es cierto, sus aplicaciones consumían mucha memoria, sus teléfonos acapararon todo el ancho de banda y las primeras baterías duraron muy poco. Pero, por otro lado, su navegador Safari era fácil de usar. Y eso la gente lo valoraba y mucho. Las aplicaciones eran visualmente muy atractivas y el dispositivo se veía muy bien.

De este modo, la gente a la que no le importaba la eficiencia ahora tenía otra opción. Además, en Blackberry seguían obsesionados con el teclado QWERTY y no se aventuraron a una pantalla táctil completa hasta que fue demasiado tarde.

No supo cambiar su enfoque estratégico para competir con las alternativas del mercado, sino que trató de imponer su estrategia y su modelo de negocio existente, sin tener en cuenta que el público ya no valoraba tanto lo que ofrecía y que sus gustos habían empezado a cambiar.

Y, para concluir con Procusto, no podemos olvidarnos de las administraciones públicas. La cuestión es que aquí da igual que haya adaptación o no porque no tendrá consecuencias. Aunque hay honrosas excepciones, como norma general, las estrategias, o están copiadas unas de otras, o las van improvisando sobre la marcha, o están contratadas a la consultora que haya licitado la oferta más económica (que pondrá a sus becarios a redactarla), o simplemente ni existe ni se la espera.

Y eso que, entre sus trabajadores, existe gente muy competente. Pero el problema es que la estrategia tiene enfoque *top-down* puro y viene impuesta totalmente desde arriba. Y ¿quién está arriba? Los puestos directivos que, en su mayoría, son de procedencia política.

Y aquí reside el principal problema de la administración pública. Tenemos que las directrices para la elaboración de la estrategia, cuando las hay, vienen de estos puestos políticos, poco preocupados en conocer el entorno, las necesidades de sus clientes (ciudadanos) o las propias limitaciones y fortalezas de la administración. A esto le sumamos que, muchas veces, cuentan con escasa o nula experiencia en temas de dirección, gestión o estrategia. En este caso, yo lo llamo la *antiestrategia*, porque aglutina todo lo que no debe ser la estrategia. Esta *antiestrategia* tiene las siguientes características:

- No hay un diagnóstico previo y certero que permita definir una ruta clara y eficiente para alcanzar los objetivos.
- No hay coherencia en los objetivos, siendo contradictorios, en muchas ocasiones incluso dentro del mismo ente público.
- Los objetivos son modificados con mayor frecuencia de lo necesario, muchas veces por razones arbitrarias y peregrinas, lo que dificulta la ejecución de la estrategia.

- Adaptación al entorno y a los cambios sociales y tecnológicos a una velocidad propia de tortugas reumáticas.
- No hay percepción real de una competencia que pueda poner en peligro el negocio. Como son clientes cautivos, sus quejas son absolutamente irrelevantes.
- No hay eficiencia en la utilización de los recursos.
- Apenas existe monitorización real y efectiva del cumplimiento de objetivos que permita retroalimentar la estrategia.

Todo esto suele conducir al «síndrome de Kumbaya». Un estilo de gestión que excluye el pensamiento crítico y estratégico y que impulsa filosofías de trabajo muy poco deseables en las que predomina la cultura del conformismo en los puestos directivos.

«En el juego de la estrategia, aquellos que se anticipan y se adaptan más rápidamente tienen una ventaja competitiva indiscutible» (Jack Welch).

Capítulo 8. Ejecución de la estrategia

Sin la ejecución, la estrategia no sirve absolutamente de nada. Como decía Goethe, «saber no es suficiente, debemos aplicar. El querer no es suficiente, debemos hacer».

Cerramos el ciclo con la ejecución del plan de acción. Hasta ahora hemos ejecutado todas las fases indicadas en la siguiente figura.

El primer paso es definir la misión, visión y valores. Hay demasiado escrito sobre esto, por lo que no voy a profundizar sobre estos conceptos. Tan solo recordar brevemente su significado.

Conviene hacernos algunas preguntas. ¿Por qué te enfocas en ese segmento de clientes? ¿Por qué entregas tu propuesta de valor con esas características? ¿Por qué escoges a un aliado frente a otro? ¿Por qué la comunicación es de esta forma?

Todos estos *por qué* son los que configuran el propósito de tu empresa. Podemos decir que el propósito de una empresa engloba tres conceptos:

- El propósito actual o misión
- El propósito futuro o visión
- El propósito rector o valores

La misión se enfoca en el alcance del negocio, en nuestro nicho de clientes, en el ámbito de la competencia y refleja las razones por las que existe la empresa (más allá de obtener beneficios económicos). De este modo, se excluye lo que la compañía no tiene que hacer y a los clientes a los que no se tiene que dirigir. Si está bien definida, ayuda a dar foco a la empresa.

La visión proporciona guía estratégica y foco motivacional, y no es algo objetivo, sino que deriva de la imaginación. La diferencia entre metas y visión es que las metas se alcanzarán periódicamente y serán reemplazadas por otras. La visión, en cambio, crea una ambición mucho más duradera sobre períodos muy largos de tiempo.

Solo serán reales cuando puedan influir en el comportamiento de la gente y sus decisiones, cuando sea algo vivo. Si solo está enmarcada en un despacho o una sala de reuniones, y nadie las conoce, carece de cualquier valor, por muy rimbombante que sea.

Preparación de iniciativas

Con lo visto hasta ahora ya hemos realizado el ejercicio de descubrir dónde está nuestra empresa en el mercado e identificado sus principales talentos y debilidades. También hemos decidido de manera restrictiva el sector, cliente y producto con el que vamos a competir, así como la forma en que lo vamos a hacer. Ya solo nos queda decidir cómo repartir nuestro tiempo, presupuesto y recursos para, a partir de ahí, ejecutar el plan de acción que nos permita ganar ventaja competitiva.

En empresas medianas y grandes, se presentarán iniciativas por las distintas áreas de negocio encaminadas a cumplir los objetivos fijados, teniendo en cuenta los criterios y decisiones marcados por la estrategia.

Una vez definidas las iniciativas, necesitamos decidir cómo las vamos a priorizar y con cuáles vamos a comenzar, por lo que haremos uso de la **matriz de oportunidad**.

Es un método muy útil para evaluar la distribución de recursos para las oportunidades identificadas, ayudándonos a priorizarlas en función de su impacto en el negocio.

Para ello, representamos en el eje vertical la probabilidad que tenemos de conseguir realmente ejecutar esa iniciativa (en una escala de uno a diez) y en el eje horizontal el impacto que tendremos en el negocio, utilizando la misma escala. Basándonos en esto, situaremos la iniciativa en la parte adecuada de la gráfica.

Las iniciativas que se ubiquen en el cuadrante superior derecho son las que debemos perseguir primero, dado que serán las más probables de conseguir y las que tendrán mayor impacto en la organización. A pesar de la simplicidad de esta herramienta, la experiencia demuestra que nos proporciona dos cosas: método y consistencia.

Matriz de oportunidad

Una vez establecida la prioridad de las iniciativas, se procederá a distribuir recursos. Hay muchas empresas que, erróneamente, empiezan al revés. Piensan: «tengo estas personas con estos roles en el equipo, y este equipo tiene que perseguir estas iniciativas». Esto es un grave error. Los recursos en ningún caso pueden marcar las iniciativas que persiguen, salvo que estés en un ministerio o un ayuntamiento. Ahí tienes patente de corso para hacer muchas cosas, aunque no sean lógicas ni coherentes.

En algunas empresas grandes, la elaboración de la estrategia no es especialmente colaborativa y se ve influenciada por los líderes de cada área de negocio, que anteponen su ego a la estrategia y, con tal de no perder recursos ni relevancia, utilizan argumentos torticeros para inclinar la balanza a su favor. La estrategia nunca puede crear una guerra de *lobbies* entre los distintos equipos de la empresa ni pretender obtener un resultado simplemente satisfactorio para todos. Te corresponderá a ti como directivo tener mano izquierda para gestionar esta situación.

La estrategia tiene niveles y fluye del nivel más alto al más bajo, como una cascada, siendo esto lo que la enriquece y le da valor. Es algo vivo y que cada departamento, al nivel que le corresponda, formulará y ejecutará, siempre respetando los niveles superiores para mantener la coherencia que la caracteriza.

Los distintos niveles de la empresa toman decisiones estratégicas bajo un marco de incertidumbre, siendo mayor en los niveles más altos. Estas decisiones tienen que estar anidadas y algunas decisiones serán obviamente más importantes que otras, porque no todas las personas tienen la misma experiencia, capacidades y habilidades, pero todos toman decisiones. Lo normal es que no haya ejecución pura, sino una mezcla de decisiones y ejecución.

Tanto la dependienta como su director general toman decisiones estratégicas y se ciñen a ellas. La única diferencia es el alcance de las elecciones y la naturaleza concreta de las restricciones. Cada nivel de la organización puede crear y pulir la estrategia utilizando el marco de referencia de la cascada de decisiones.

Por eso es importante que todos estén alineados en torno a una visión y principios. En caso contrario, tendremos a una empresa de ejecutores, sin ningún tipo de autonomía ni motivación, y en el que la estrategia será un papel que nadie conozca ni importe. Funcionará únicamente si sus trabajadores solo tienen que apretar tornillos; en el momento en que haya margen de decisión, es cuando se hace especialmente necesaria la estrategia, la misión y visión.

Para tener una buena ejecución se hace necesario controlar determinados factores, entre los que se encuentran:

- Recursos humanos asignados al plan.
- Presupuesto asignado a las distintas iniciativas.

- Marco temporal.
- Responsables para la rendición de cuentas.
- Alineación: ¿están todas las iniciativas en línea con nuestra estrategia, con el *dónde* vamos a competir y *cómo* vamos a hacerlo?
- Métricas que realmente nos sirvan para tomar decisiones.
- Comunicación desplegada para la comunicación de la estrategia y obtención de *feedback*.

La importancia del sistema

Priorizadas las iniciativas, pasaremos a la acción. Nos centraremos ahora en definir un sistema y ejecutarlo. El compromiso con el sistema va a ser lo único que te permite superar la meseta de potencial latente sin que los diferentes obstáculos que aparezcan te tumben el plan. La falta de consistencia en la ejecución estratégica es lo que impide a muchas empresas crecer.

Si no se establecen sistemas de gestión para respaldar esas decisiones y capacidades, es muy probable que la estrategia fracase. Sin estructuras, sistemas e indicadores de apoyo, la estrategia sigue siendo una visión, un conjunto de objetivos que tal vez se acaben consiguiendo. Estos sistemas de gestión son necesarios para completar la cascada de decisiones estratégicas y para terminar de aterrizar todas las iniciativas seleccionadas.

No hay ningún conjunto de sistemas universal, sino que hay que amoldarlos al contexto y las capacidades de la empresa. Hasta que no dispongamos de un conjunto de sistemas e indicadores, la cascada de decisiones estratégicas estará incompleta.

También en función del sector, tamaño y madurez de la empresa se recomendarán unos sistemas u otros. Su elección e implantación dependerán mucho del directivo o del consultor estratégico que esté dando apoyo, de su experiencia y habilidad. Sea como sea, conllevará acción, medición, calibración, reajuste de recursos, etc.

En esta línea, el estratega militar ruso Suvórov decía que «un ejército pequeño no podría ocupar el país y uno grande se moriría de hambre». Esta frase destaca la importancia de encontrar un equilibrio entre el tamaño y la eficiencia de un ejército en una campaña militar. Mientras que un ejército pequeño puede carecer de recursos y capacidad para ocupar un país, uno grande puede enfrentarse a desafíos logísticos y dificultades para mantener aprovisionado a sus soldados. La analogía aquí está muy clara.

Para explicar la importancia de ejecutar rigurosamente el sistema definido, suelo recurrir al rugby y a uno de sus más aclamados entrenadores, Bill Wash, autor del libro *The Score Takes Care of Itself*, que recoge la filosofía de lo que voy a contar.

Bill fue fichado por los San Francisco 49ers en 1979, cuando eran los eternos perdedores. En ese periodo de tiempo, lo habitual en este tipo de deporte era intentar fichar jugadores muy rápidos, capaces de hacer grandes carreras a través del campo.

En aquella época se creía que, para atacar, lo mejor era tener jugadores rápidos, pero Walsh estaba convencido de lo contrario y había decidido que su equipo no jugaría a correr, sino a pasar la pelota, implantando una filosofía de pase en corto que sorprendió a propios y a extraños. Esto sería muy criticado por el público y sus propios jugadores, que veían esta nueva estrategia como un suicidio.

Como era de esperar, los resultados iniciales no fueron nada buenos, y los dos primeros años siguieron en los puestos de cola.

Tras buscar mucho, Bill finalmente encontró el recurso que necesitaba y fichó a Joe Montana, un jugador poco atlético y nada veloz, pero ágil y con una precisión enorme en el pase. En la estrategia de Bill, todo el juego pasaba por el *quarterback*, el encargado de dar el pase más importante, y ese fue el lugar escogido para ubicar a Montana.

Aquí tenemos el primer aprendizaje: conocer tus debilidades y fortalezas y armar tu plan de acción conjugando ambas.

Pero esto no acaba aquí, sino que, además de confiar en la capacidad de su jugador para elegir el mejor pase, fue más allá, y comenzó a guionizar el partido, planeando todo hasta el más mínimo detalle. Y así, cuando la pelota llegaba a Montana, todos los jugadores sabían lo que iba a hacer y las posibles variaciones de pase. En función de los pasos que daba y del tiempo que pasaba, cambiaba las jugadas, no se improvisaba absolutamente nada. El *timing* y el trabajo de pies eran la clave.

Bill entrenaba a sus jugadores para que miraran las piernas de Montana y así supieran qué iba a hacer, sin necesidad de marcar jugada, siempre adaptándose a las características físicas y técnicas de su rival.

Simplificó de tal manera el trabajo en esa posición que las habilidades en el pase de Montana se dispararon, logrando unas tasas de recepción por encima del sesenta por ciento. En la tercera temporada, los San Francisco 49ers ganaron la Super Bowl por primera vez en sus treinta y cinco años de historia. Pero la cosa no quedó ahí, sino que repetirían victoria, hasta en cuatro ocasiones en esa década, y Joe Montana terminaría siendo elegido el mejor *quarterback* de la historia de la NFL.

Aquí tenemos otro aprendizaje: la estrategia, a diferencia de la táctica, tiene que contemplarse a medio y largo plazo. La impaciencia en la obtención de resultados es uno de sus grandes enemigos.

Este es un ejemplo claro de un sistema constituido a partir de un diagnóstico y alimentado por una estrategia clara y precisa. Los jugadores solo tenían que entrenar, interiorizar y adaptarse a esta estrategia.

En su estrategia, el resultado de un partido en concreto no importaba ni tampoco la clasificación, solo seguir **un sistema** que maximizara las posibilidades de alcanzar el objetivo.

Esto, en el fondo, supone cambiar la mentalidad de resultados finales a mentalidad de enfoque en los resultados de procesos. Y se ve también muy claro con otro ejemplo deportivo. Todos los ciclistas que empiezan el Tour de Francia quieren ganarlo, pero solo lo logrará el que mejor sistema (entrenamientos, alimentación, descanso, mentalidad) haya ejecutado dentro de una estrategia que engloba tanto los entrenamientos anuales como los más de veinte días de duración del Tour. Ganador y perdedores comparten objetivo, por eso es un error mirar **solamente** ahí.

Vamos a diferenciar entre indicadores de resultados y de procesos. Los primeros aluden a los **resultados** finales, que son los que realmente nos importan, como:

- Conseguir incremento en ventas de un treinta por ciento el año siguiente.
- Conseguir cinco clientes nuevos cada mes.

Todas ellas nos indican que hemos llegado al sitio correcto. No obstante, cuando solo piensas en resultados y es únicamente aquí donde concentras toda tu energía, comienza a aparecer la frustración. Esto suele ser común en las primeras etapas de la empresa, donde no tenemos tanto control sobre el resultado final y los resultados tardan más en llegar.

En cambio, los indicadores **de procesos** podrían ser:

- Realizar cuatro visitas mensuales a potenciales alianzas para nuestro proyecto.
- Programar al menos una reunión de ventas presencial por semana.
- Enviar diez propuestas comerciales personalizadas a clientes clave cada mes y realizarles un seguimiento.
- Realizar pruebas de mi *landing page* cada mes.

Estos últimos son tangibles, menos ambiciosos y nos indican por dónde irán los resultados futuros. Esta ejecución es más operativa e intuitiva porque solo tienes que enfocarte en realizar acciones que te acerquen a estas metas de procesos, que van a ser, a su vez, las que te lleven al objetivo deseado.

Es importante establecer una correlación efectiva entre los distintos tipos de objetivos para que la estrategia pueda ser ejecutada de forma lógica, aterrizando esos objetivos más ambiciosos a objetivos mucho más concretos y reducidos.

Ahora bien, no podemos caer en la autocomplacencia y darnos por satisfechos si obtenemos buenos indicadores en los procesos y los resultados siguen sin alcanzarse con el paso del tiempo. En este caso, habrá que redefinir los procesos y buscar otros que estén más correlacionados con los resultados.

Cuando hablamos de la importancia del sistema, no me refiero solo a las acciones necesarias para ejecutar la estrategia, sino también al sistema de monitorización. Además de los indicadores y el cuadro de mando necesitamos una *checklist* en la que indiquemos qué vamos a medir, con qué periodicidad y quién lo va a analizar. Curiosamente, una de las causas de la parálisis por el análisis es dejar todo para última hora, para ese informe trimestral o semestral. Ahí es cuando nos vemos abrumados por los datos y sus correlaciones. La monitorización, para que sea realmente efectiva, necesita una disciplina y metodología muy precisas.

Principio de pérdida asequible

Saras Sarasvathy es profesora de estrategia de la Universidad de Virginia y creadora de la teoría de la efectuación en emprendimiento, y nos ha resumido los principios fundacionales de cómo se enfrentan los emprendedores a los problemas y cómo son capaces de solucionarlos. Consta de cinco principios, pero me voy a quedar con el segundo: **el principio de pérdida asequible**.

Según dicho principio, los emprendedores expertos dan vuelta a la lógica tradicional y piensan en términos de **pérdida asequible** en lugar de rendimientos esperados. Deciden lo que están dispuestos a perder en lugar de lo que esperan ganar.

Esto tiene implicaciones muy directas en la toma de decisiones y en la forma en que abordamos los proyectos y oportunidades que se nos presentan. Así, en lugar de enfocarnos exclusivamente en rendimientos esperados tratando de evitar pérdidas a toda costa, debemos considerar lo que estamos dispuestos a perder en función de nuestras metas y objetivos. Es decir, solo vas a poder ganar tanto como estés dispuesto a perder.

Esta mentalidad nos empuja a evaluar los riesgos de manera más equilibrada, tomar decisiones informadas y estar dispuestos a asumir ciertas pérdidas, como parte del proceso de crecimiento de nuestra empresa.

Por tanto, si a lo largo de nuestro emprendimiento o en nuestra trayectoria como directivo no vamos incrementando nuestras apuestas conforme tenemos más ganado, llegará un punto en el que nos estancaremos.

Esto es lo que le pasa a muchas empresas y profesionales, que optimizan sus decisiones para no perder. Un movimiento defensivo que, en el corto plazo, puede parecer buena idea. No obstante, en el medio y largo plazo, termina generando pérdidas.

Alianzas estratégicas

Aunque ya he aludido a su importancia en anteriores secciones, vamos a profundizar más en este concepto.

Uno de los aspectos más importantes en la ejecución de la estrategia es el de las alianzas, ya que permiten ampliar el alcance y los recursos de una empresa. Al establecer colaboraciones con socios estratégicos, nuestra empresa puede acceder a nuevos mercados, compartir conocimientos y experiencias, así como fortalecer nuestra posición competitiva en el mercado. Además, permite una mayor capacidad de negociación con proveedores y clientes y crea importantes sinergias de *marketing* y promoción, pudiendo aumentar la visibilidad de las marcas mediante campañas conjuntas.

La lógica de las alianzas es muy simple: me apoyo en los socios para llegar a donde yo no llego. El tener en cuenta ese este aspecto fue lo que impulsó los buenos resultados de la escuela de negocio mencionada en el capítulo 4.

Tenemos también como ejemplo a Uber, que en el 2023 se ha asociado con Hopper (agencia de viajes online) con el fin de expandirse a otros mercados y aumentar el gasto medio por cliente, además de para poder convertirse en una *super app*.

Esta estrategia de crecimiento suele ser común para negocios que integran más de un servicio, porque siempre es más fácil atraer a los usuarios a una única plataforma, dado que el cliente podrá pedir en un mismo sitio comida, taxis, billetes de avión, etc. De esta forma, Uber podría hacerse mucho más rentable.

Adobe y Microsoft realizaron también una alianza estratégica para impulsar las firmas electrónicas y la colaboración en la nube, creando una solución de firma electrónica en casi todos los servicios de Microsoft.

Producto mínimo viable

Reid Hoffman es uno de los fundadores de PayPal, además de inversor de riesgo y autor. En una charla a fundadores de *startups* les dijo lo siguiente: «si no te avergüenza la primera versión del producto es que lo has lanzado demasiado tarde».

Tomando esto como base, vamos a ver tres acciones clave para avanzar más rápido:

1. **Determinar la pérdida aceptable**. Hay que calcular como pérdida aceptable la que te permita experimentar y hacer apuestas, manteniendo una solvencia mínima. Esto te ayudará a saber hasta dónde puedes experimentar sin poner en peligro tu negocio. Es decir, ¿dónde asignamos nuestros recursos económicos y en qué líneas estratégicas? En función del sector en que se mueva nuestra empresa, tendremos negocios con poco margen para la experimentación y otros donde sea fundamental hacerlo para evolucionar nuestro modelo de negocio.

2. **Prototipos:** adoptar la mentalidad de «fracasar antes de empezar». Esto implica crear modelos para simular el desempeño de nuestras ideas. Estos prototipos nos ayudan a comprender cómo se comportarían los números y qué recursos son necesarios para poder desplegar un determinado proyecto. Mediante este enfoque, podemos identificar posibles obstáculos y ajustar nuestra estrategia antes de invertir grandes recursos. Es la continuación del paso anterior.

3. **Crear tu producto mínimo viable** (PMV). Es un término acuñado por Eric Ries en su libro *El método Lean Startup*. Esta metodología engloba un conjunto de prácticas cuya esencia es lanzar un producto mínimo viable, es decir, un producto que no sea perfecto, pero que pueda funcionar de forma razonable. Así, en vez de asumir un contrato de alquiler medio o alto para nuestra tienda, podemos lanzar un *pop store* (local que se abre por un período de tiempo limitado) para probar la idea.

No es más que la materialización de nuestra propuesta de valor con la menor cantidad posible de funcionalidades. El objetivo es que nos permita recoger, con el menor esfuerzo, la máxima cantidad de aprendizaje acerca de los clientes. Un PMV ha de ser un intento deliberado de aprender sobre el cliente y sobre la demanda de mercado antes de empezar a desarrollar en exceso algo que nadie quiere y se alcance el Producto Máximo Posible.

Análogamente, antes de lanzar una tienda *online* con una programación a medida y con una alta inversión, podemos lanzar una tienda en Shopify y ver primero si conseguimos vender y con qué márgenes para, a partir de ahí, invertir más dinero, incluso creado nuestra propia tienda.

Este enfoque se basa en la idea de **validar** el desarrollo de nuestro producto, en lugar de perseguir la perfección inmediata. Se trata de priorizar su funcionalidad y viabilidad, reconociendo que el perfeccionismo inicial puede ralentizar el progreso y limitar nuestras posibilidades de aprendizaje y adaptación a las necesidades del mercado.

Comenzó a hacerse bastante popular a partir del 2015 porque muchas de las *startups* fracasaban y sus productos o servicios tenían dificultades para encontrar su público, o bien tenían un público cuando empezaron a trabajar, pero no al finalizarlo. Muchas veces había obstáculos que no descubrieron porque ya habían invertido todo su tiempo de desarrollo en las funciones que esperaban que fueran importantes. Al final, no les quedaba tiempo ni presupuesto para crear aquellas funciones que los usuarios realmente demandaban.

En el mundo de los negocios y, muy especialmente, en el de los emprendedores, existe una creencia común de que para tener éxito es necesario tener un producto fetén y completamente listo antes de lanzarlo al mercado. Sin embargo, la mismísima Apple demostró lo contrario con el lanzamiento de su primer iPhone en 2007.

El iPhone original fue, aunque no lo creas, un Producto Mínimo Viable que no incluía todas las funcionalidades que hoy en día consideramos imprescindibles, como la capacidad de copiar y pegar texto, la función de grabar vídeo y la posibilidad de instalar aplicaciones de terceros. Sin embargo, el dispositivo tenía suficientes características para ser atractivo para los consumidores.

Apple se centró en lo que consideraba más importante: un diseño elegante, una interfaz intuitiva y la capacidad de navegar por Internet. Estas características fueron suficientes para que los consumidores se encapricharan del iPhone y lo convirtieran en un éxito de ventas.

Quizás algunos puedan pensar que Apple debería haber esperado a lanzar el iPhone hasta que tuviera todas las funcionalidades que hoy en día consideramos esenciales. Pero, de haber hecho eso, habrían perdido la oportunidad de ser uno de los primeros en el mercado con un dispositivo de este tipo.

El lanzamiento del iPhone fue un ejemplo claro de cómo el concepto de PMV puede ser beneficioso para una empresa. En lugar de esperar a que el producto fuese perfecto, se centró en lo más importante y lo lanzó al mercado para que los consumidores comenzaran a probarlo. Esto les permitió obtener *feedback* y mejorar el producto.

El PMV también permitió a Apple llegar al mercado más rápidamente y con menos coste que si hubieran esperado a desarrollar un producto más completo. Esto les dio una gran ventaja competitiva y les permitió ganar una base de clientes muy fieles.

Pero esto aún se puede llevar más al extremo. Y te lo voy a contar con ayuda de Bill Gates:

En 1974, Gates y su socio, Paul Allen, descubrieron que la revista *Popular Electronics* iba a publicar un artículo sobre el Altair 8800, una de las primeras computadoras personales disponibles en el mercado. Gates y Allen vieron el negocio que podría suponer esto y decidieron desarrollar un lenguaje de programación para el Altair, con el fin de convertirse en líderes en el incipiente mundo de la informática.

Sin embargo, había un problema: no tenían el Altair 8800 para probar su *software*. Aun así, contactaron a la revista antes de que se publicara el artículo y afirmaron que tenían un lenguaje de programación llamado Altair BASIC.

La revista se mostró interesada y acordaron una reunión para demostrar el *software*. Gates y Allen tuvieron que trabajar a contrarreloj para desarrollar una versión funcional del Altair BASIC sin tener acceso al Altair real. Utilizando simulaciones en computadoras más grandes y algunas suposiciones, lograron crear un prototipo.

Finalmente, Gates realizó la demostración y, a pesar de que el *software* no estaba completamente terminado, cerraron un acuerdo para licenciar el

Altair BASIC a MITS, la compañía que fabricaba el Altair 8800. A partir de aquí, Microsoft fue fundada y el resto de la historia ya la conoces.

Y, sin embargo, algunos emprendedores no se atreven a lanzar su producto o servicio hasta que tienen una web impecable, un producto exquisito y mil detalles más que, en muchas ocasiones, no son necesarias para esa primera versión. Lamentablemente, esto les priva de la capacidad de testear su producto en el mercado antes de que la inversión en tiempo y recursos se vuelva más significativa.

La matriz de Eisenhower

Una de las herramientas de priorización más usada a nivel mundial la diseñó David Eisenhower, jefe de Estado Mayor del Ejército de los EE.UU. durante la Segunda Guerra Mundial.

En una entrevista, un periodista le preguntó las claves de su éxito y cómo aprovechaba el tiempo para hacer tantas cosas de forma tan aplicada. Eisenhower respondió dibujando en una hoja de papel un cuadrante, en el que un eje era el de lo importante y el otro, el de lo urgente.

La matriz de Eisenhower, también conocida como matriz de priorización, es una herramienta que nos será muy útil para la toma de decisiones relacionadas con la ejecución estratégica. Esta matriz se basa en dos factores: la importancia y la urgencia. Al clasificar las tareas en función de estos parámetros podemos visualizar claramente cuáles son las más críticas y priorizarlas en consecuencia, proporcionando claridad y enfoque a nuestras acciones. Tenemos los siguientes tipos de tareas:

- Tareas importantes y urgentes: se tienen que hacer sí o sí, hay que priorizarlas y dedicarles tiempo y recursos. Los problemas aparecen cuando se realizan de forma apresurada (mala gestión) o inesperada (factor externo no anticipado). Son inaplazables y como tal hay que tratarlas.

- Tareas importantes no urgentes: son las grandes perjudicadas, ya que, por su carácter de no urgencia se posponen demasiado o, peor aún, nunca se llevan a cabo. Debemos programarlas en nuestra agenda para evitar por todos los medios que esto suceda (*time blocking*).

- Tareas urgentes no importantes: muy peligrosas, pues perjudican directamente al cuadrante anterior de las cosas importantes no urgentes. Debemos delegarlas la mayor parte de las veces.

- Tareas ni urgentes ni importantes: simplemente, no pierdas tiempo ni energía con ellas. Puedes aplazarlas o descartarlas.

Aplicar esta matriz a tu gestión estratégica y prestarle especial atención a lo importante y no urgente te va a resultar enormemente útil en la ejecución de la estrategia.

La primera vez que vi esta matriz fue en mi primer trabajo, una empresa de *software* que, pese a ser de un tamaño reducido, tenía una organización y sistema de trabajo impecable. Así, la empresa podría identificar las tareas críticas y urgentes, como la revisión del código fuente, la corrección de errores de programación y las pruebas de calidad. Estas tareas se colocarían en el cuadrante superior izquierdo de la matriz, lo que indica que son prioritarias y deben ser atendidas de inmediato.

Por otro lado, la empresa tenía identificadas las tareas importantes pero no urgentes, como la investigación de nuevas tecnologías y tendencias en desarrollo de *software* para mejorar la eficiencia de los productos, la expansión a segmentos en crecimiento de nuestro nicho o la creación de una estrategia de *marketing*. Estas tareas se ubicarían en el cuadrante superior derecho de la matriz de Eisenhower, recalcando así su importancia y estableciendo alarmas e indicadores para evitar que cayesen en el olvido.

En los cuadrantes inferiores se ubicarían las tareas no importantes que, en función de su urgencia, se podrían delegar (organización de archivos, planificación de reuniones, etc.) o eliminar.

Debemos tener claro que estar ocupado no es lo mismo que estar avanzando. ¿Cuántas veces estamos trabajando en cosas urgentes, pero poco o nada importantes, y focalizamos todos los recursos ahí, dejando lo importante de lado? ¿Estamos priorizando de manera efectiva para alcanzar nuestros objetivos? ¿Estamos aprovechando al máximo nuestra capacidad para tomar decisiones informadas y centrarnos en lo que realmente importa?

El gran enemigo de la estrategia en las empresas son los ladrones del tiempo, los llamados fuegos. Lo urgente se convierte en importante y, poco a poco, todo termina siendo urgente, con lo que nuestro foco y recursos se dedican a apagar estos fuegos.

Si le preguntas a un médico de urgencias cuál es la diferencia entre urgencia y emergencia, te responderá que urgencia es lo que el paciente cree que tiene, muchas veces dándole una gran importancia y solicitando atención inmediata. Por otro lado, emergencia es lo que el médico, con su criterio, decide que tiene. En las empresas sucede lo mismo, y distinguir ambos conceptos es fundamental para una adecuada ejecución estratégica.

La navaja de Ockam

Este es otro de los conceptos que incluyo en los cursos de formación porque, cuando se está comenzando con un negocio, solemos complicarnos la vida de forma absurda.

La navaja de Ockham, también conocida como principio de parsimonia o principio de simplicidad, es un concepto que sugiere que, entre varias explicaciones posibles para un fenómeno, la explicación más **simple** es la que tiene mayor probabilidad de ser correcta. Este principio se puede aplicar en el momento de tomar decisiones estratégicas, en concreto, cuando evaluamos distintas opciones y enfoques.

Por ejemplo, en el desarrollo de un nuevo producto, se pueden considerar varias opciones de diseño y funcionalidad. Si aplicamos la navaja de Ockham, seleccionaríamos la opción más simple y efectiva, sin añadir elementos superfluos o complejidades innecesarias. Esto no solo permite ahorrar tiempo y recursos en el desarrollo del producto, sino que también aumenta las posibilidades de éxito en el mercado, ya que un producto simple y fácil de usar suele ser más atractivo para los consumidores.

Un ejemplo de aplicación de la navaja de Ockham en la estrategia empresarial es el enfoque de Google en la concepción de todos sus servicios, destacando especialmente su conocido motor de búsqueda. Aunque la tecnología que impulsa su algoritmo es extremadamente compleja, Google ofrece a sus usuarios una interfaz minimalista y fácil de usar, eliminando cualquier elemento superfluo. Esta simplicidad ha sido un factor clave para su éxito y ha permitido a sus usuarios acceder de manera rápida y eficiente a la información que buscan en Internet.

En el sector de la moda, la marca de ropa Uniqlo tiene muy presente este principio en su estrategia. Sus prendas se caracterizan por su simplicidad, funcionalidad y calidad, y se alejan de las tendencias efímeras y los diseños llamativos para centrarse en prendas básicas y atemporales que se adaptan a las necesidades diarias de sus clientes. Al evitar excesos innecesarios, Uniqlo ha logrado construir una base de clientes leales que valoran estas características de la marca.

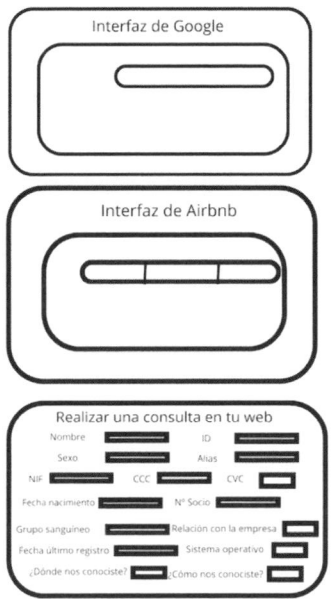

Como verás, es muy similar al principio KISS que vimos antes, con la única salvedad de que este último se aplica para evitar la sobreingeniería y complejidad innecesaria en fases de diseño e implementación, mientras que la navaja de Ockam tiene connotaciones más estratégicas y de mayor nivel, estando más cerca de las ideas que de la implementación.

«La estrategia no es solo un plan; es un enfoque y una posición. No puede ser decidida en un solo momento en el tiempo; debe ser el resultado de una serie de decisiones integradas» (Roger Martin).

Capítulo 9. La importancia del *marketing* en la estrategia 360

El papel del *marketing* en la estrategia empresarial

Está habiendo, últimamente, una convergencia entre *marketing* y estrategia. La estrategia empresarial proviene de la estrategia militar, que se centra en determinar las capacidades de un ejército para conseguir derrotar al enemigo. Aquí no entra en juego el concepto de cliente.

El *marketing*, en cambio, comienza por los clientes. ¿Qué quieren nuestros clientes? ¿Cómo les podemos atender mejor? ¿Cómo podemos conectar con ellos?

En estrategia de negocios tienes que pensar en el cliente y en *marketing* tienes que conjugar las competencias de tu empresa con las amenazas del entorno. La convergencia de ambos enfoques es lo que ha enriquecido a ambas disciplinas.

En lo referente al marketing, hay dos reflexiones que me parecen críticas sobre esta área:

La primera es que el objetivo de la mayoría de las personas es satisfacer sus propias necesidades e impulsos, no consumir tu producto o servicio. Cuando alguien quiere comprar es porque está motivado por algún tipo de necesidad, busca resolver un problema, llegar a una aspiración o, simplemente, por puro impulso.

La segunda es que hay una verdad universalmente reconocida, y es que un producto no se vende por lo bueno que es un producto, sino por lo bien que puedas contar lo bueno que es el producto.

Se reduce a un tema de valor percibido. Vemos cómo personas con poco dinero compran coches caros solicitando préstamos para poder pagarlos. Este valor percibido es un tema subjetivo que depende básicamente de la situación actual y de los valores y creencias de tus clientes potenciales. Si tus clientes potenciales no creen que ofrezcas valor, no serán receptivos a tu propuesta.

Esta diferencia entre producto y mensaje es el que modula la relación entre calidad de producto y ventas.

Hay pocos negocios que hoy en día sean capaces de despuntar sin una estrategia de contenido, pero no vale cualquier estrategia de contenido. Tiene que ser coherente con tu propuesta de valor.

Las acciones de *marketing* que realices en tu empresa contribuirán a tu facturación y son las que te van a ayudar a conseguir los objetivos definidos. Por eso, es importante que analices qué acciones de *marketing* estás realizando actualmente y qué resultados estás obteniendo.

Hay muchas teorías, opiniones y dogmas sobre *marketing*, pero, como siempre, debemos comenzar por los cimientos. Los puntos que se deben trabajar en el análisis de marketing son:

- Público objetivo: ¿quién es el cliente al que más le puedes ayudar?
- Marca: ¿cómo estás trabajando la marca personal de tu empresa?
- Contenido: ¿qué contenidos estás publicando en los canales que has elegido en tu estrategia (redes sociales, web, *email marketing* o anuncios *online*) para conectar con tu cliente)?
- Ventas: ¿qué conversión en ventas estás teniendo?

También debes tener claramente identificado y definido en tu estrategia alguno de los siguientes elementos:

- Plan de acción: objetivos y tácticas realizadas por tu empresa.
- Web: contenidos, diseño, tráfico, llamadas a la acción, SEO, blog, etc.
- Redes sociales: publicaciones, periodicidad, etc. Su uso ni es obligatorio ni es garantía de

nada, pero, si lo has incluido en tu estrategia, deberás definir estos factores.

- Publicidad: campañas, contenidos, diseños, etc.
- *Email marketing*: captación, frecuencia, contenido.

«Cualquier tonto puede vender un producto ofreciéndolo con un descuento, pero se necesita un gran *marketing* para vender el mismo producto con una prima», decía Rory Sutherland, escritor y consejero delegado de Ogilvy. Para muchos, la única manera de cambiar la percepción de más valor es incluir más cosas o hacerlo más barato. Otros, en cambio, prefieren subir el precio y cambiar el «envoltorio» para provocar que la gente lo quiera más y le den más valor. El valor ofrecido al mercado y el momento en que se encuentre tu empresa determinarán la estrategia de comunicación más adecuada.

Necesidades vs. deseos

Muchos de los modelos de negocio pivotan sobre el concepto de necesidades de los clientes. Establecen que hay que realizar esfuerzos para conocer e intentar satisfacer sus necesidades porque eso va a ser lo que contribuya a que nuestra empresa crezca. Aunque tiene mucho de cierto, existen matices y no es la única opción.

Hace unos meses leía un dato curioso sobre Singapur. Allí, el límite de máximo de velocidad es de 90 km/h y, sin embargo, es uno de los países con más ventas de Ferraris por persona.

Es un dato que, analizado de forma racional, carece de cualquier tipo de lógica, dado que no parece que sea el entorno adecuado para disfrutar de un coche de tan altas prestaciones.

Las personas en Singapur quieren un Ferrari, pero no lo necesitan, con lo que no se está cubriendo una necesidad real, sino más bien un deseo irracional. Por tanto, está muy bien detectar las necesidades del mercado y de nuestro cliente ideal, pero no podemos pasar por alto estos deseos irracionales que, en ocasiones, podremos capitalizar.

Los grandes vendedores conocen eso muy bien, y suelen hacer suyo el lema: «ignora lo que la gente pide, véndele lo que desea, entrégale lo que necesita».

La propuesta de valor

Si preguntamos a la mayoría de las compañías a qué se dedican, te explicarán su línea de productos o te detallarán los servicios que ofrecen, te enunciarán todas sus funcionalidades y características, así como los descuentos realizados. Pocos se centrarán en el valor real que aportan al cliente, en cómo sus necesidades o expectativas van a ser satisfechas y, más importante, las ventajas que traerá tener cubierta esa necesidad. Es una diferencia sutil pero importante.

Las primeras descripciones son ejemplos de *marketing* miope, un peligro que el economista Theodore Levitt identificó hace medio siglo y que sigue presente hoy en día. Las compañías aquejadas por esta dolencia se ofuscan con los productos que fabrican y son incapaces de ver la auténtica realidad del mercado. Muchas veces invierten demasiados recursos en nuevas generaciones de productos que apenas mejoran los anteriores. Utilizan indicadores totalmente internos para medir el progreso y el éxito —patentes, avances técnicos y demás—, sin pararse a considerar las necesidades reales de los consumidores, la mejor forma de satisfacerlas ni las características de los productos ofertados por nuestra competencia. Terminamos analizando los indicadores menos relevantes, los materiales, la ingeniería, la química, etc., que nos distraen de lo realmente importante: nuestro cliente. Nuestra propuesta de valor se debería articular pensando expresamente en él.

Una adecuada comunicación de una propuesta de valor debe incluir los siguientes elementos:

- Beneficios claros: pueden ser soluciones a problemas específicos, ahorro de tiempo, ahorro de dinero o cualquier otro valor tangible.
- Diferenciación: qué distingue a nuestra empresa de la competencia (características

únicas de productos, un enfoque de servicio excepcional o una visión y valores que resuenen con los clientes).

- Simplicidad y claridad: la comunicación de la propuesta debe ser simple y fácil de entender.

En la propuesta de valor no solo es importante lo que nuestra empresa ofrece, sino cómo lo hace y por qué lo hace mejor que los demás. Para que nos sea más fácil definirla, nos vamos a apoyar en el método de posicionamiento de April Dunford.

La metodología es muy sencilla y parte de cinco preguntas básicas que se deben responder en orden cronológico para crear una propuesta de posicionamiento que aporte valor al mercado.

1. ¿Cuáles son tus alternativas competitivas? Si nuestra empresa no existiese, ¿qué usarían nuestros clientes para suplir su necesidad? Te pongo un ejemplo: si estás vendiendo un *software* de contabilidad para pymes con poco presupuesto y nivel de madurez, tus alternativas no van a ser ERP ni grandes plataformas de *software*, sino Excel u hojas de cálculo similares, que es lo que utilizan muchas pequeñas empresas. Tu reto será convencerlas de que salten de las hojas de cálculo a tu producto.

2. ¿Cuáles son los atributos únicos de tu empresa? Para contestar esta pregunta es fundamental haber definido con precisión la anterior, dado que no es lo mismo

argumentarlo tomando como base un ERP que una hoja de cálculo. Las razones que considerará la empresa para dar el salto de un producto a otro serán el presupuesto, el tiempo de implantación o las funcionalidades técnicas. Y estas preocupaciones no van a ser las mismas en una empresa grande (menos preocupada por presupuesto o tiempos de implantación) que en una pequeña.

3. ¿Qué valor sacan tus clientes de tu negocio? Es clave entender que el valor no es una funcionalidad de tu producto, sino aquello que obtienen tus clientes y les hace la vida mejor. Sin embargo, muchas empresas hablan más desde el atributo que desde el beneficio. Según A. Hormozi, hay que tener en cuenta cuatro factores:

   o Resultado deseado que obtendremos al adquirir el producto.
   o Percepción de la probabilidad de éxito que nos traerá el producto.
   o Tiempo requerido.
   o Esfuerzo y sacrificio que tendremos que aportar al cliente.

4. ¿A qué tipo de clientes les importa? Tenemos que definir a este segmento de clientes para poder ajustar la forma en la que nos comunicamos, las personas que saldrán en tu publicidad, los canales que se utilizarán y la forma en la que se mostrará tu producto. En nuestro ejemplo, no resultaría coherente definir como cliente potencial a empresas

grandes con un nivel de madurez tan alto que no estén utilizando Excel, ni el precio del producto ni los tiempos de implantación serán factores que les preocupen.

5. ¿En qué mercado es relevante tu oferta? Habrá que definir en qué categoría de mercado compites para que tu público sepa exactamente qué ofreces. Además, tendremos que comunicárselo a nuestros clientes cada vez que se modifica o amplía. Es el caso de Glovo, que empezó con reparto de comida y ahora abarca recogida de documentos, productos de farmacia, etc.

Growth hacking

Growth hacking es un término acuñado por Sean Ellis para definir una estrategia según la cual se persigue el crecimiento de una empresa mediante técnicas de analítica, creatividad y curiosidad; es decir, trabajando la venta orgánica y reduciendo el gasto lo máximo posible.

Nace de la necesidad de identificar nuevas estrategias de crecimiento alejadas de la publicidad convencional y los presupuestos desorbitados en publicidad. Se adapta especialmente al mundo *startup*, puesto que es aquí donde la carencia de recursos iniciales se suple más eficientemente con técnicas más experimentales de *marketing* y desarrollo de productos.

Una empresa que lo ha utilizado es Dropbox. En sus inicios, utilizó una estrategia de invitación que recompensaba tanto al usuario que invitaba como al nuevo usuario que se unía a la plataforma con espacio de almacenamiento adicional gratuito. Esta estrategia permitió que los usuarios existentes de Dropbox invitaran a sus conocidos a unirse a la plataforma, lo que ayudó a aumentar rápidamente la base de usuarios de Dropbox.

En el caso de PayPal, su crecimiento fue tan fuerte que pasaron de un millón de usuarios en marzo de 2000 a los cinco millones en verano del mismo año. Todo gracias a que los movilizaron con un incentivo: con cada registro y durante la primera etapa, PayPal comenzó a dar un cupón de veinte dólares, hasta que las cosas empezaron a despegar; después, redujeron este cupón a los diez dólares, luego a los cinco y terminaron por no ofrecer nada. Pero la base de usuarios ya estaba creada.

Otro ejemplo más «canalla» es el de Intercom, empresa de *software* especializada en la mensajería empresarial y que proporciona a los negocios una forma de comunicarse con sus clientes. Intercom identificó a su mayor competidor, Drift, e investigó lo suficiente para saber qué tipo de personas buscaban a esta empresa para, a partir de ahí, averiguar cuáles eran sus necesidades y expectativas. Hecho esto, pasarían a «interceptarlos» y mostrarles una alternativa mejor, a través de las búsquedas que los usuarios realizaban en Google sobre Intercom. De hecho, *Drift* se encuentra entre las cinco palabras clave más usadas por Intercom en sus publicaciones y en sus Google Ads.

La escalera de valor de Russell Brunson

Es una herramienta que puede ayudar a nuestras empresas a maximizar su rentabilidad y a construir relaciones sólidas con nuestros clientes. Esta estrategia se basa en el concepto de ofrecer una serie de productos o servicios escalonados, cada uno con un mayor valor y precio que el anterior.

Imagina una escalera con varios peldaños, donde cada uno representa un producto o servicio. El primer peldaño es tu oferta inicial, generalmente de bajo coste o incluso gratuita, que sirve como punto de entrada para captar la atención de los clientes potenciales. Este primer producto es diseñado para proporcionar un valor aceptable y resolver un problema específico del cliente.

A medida que los clientes avanzan por la escalera, se encuentran con los siguientes peldaños, que ofrecen productos o servicios de mayor valor. Estos pueden incluir actualizaciones, paquetes prémium, servicios personalizados o programas de membresía. Cada nuevo peldaño tiene un precio más alto, pero también ofrece beneficios y resultados más profundos para el cliente.

La clave de la escalera de valor es que cada paso está diseñado para guiar a los clientes a lo largo de un viaje de transformación. A medida que suben por la escalera, experimentan resultados cada vez más significativos y se comprometen más con tu marca. Esto no solo les proporciona un mayor valor, sino que también aumenta su confianza y fidelidad hacia tu empresa.

La razón por la que es importante conocer esta escalera es porque no todos los clientes estarán listos para dar el salto al peldaño más alto en el primer contacto. Pero, a medida que experimenten los beneficios de tus ofertas iniciales, estarán más dispuestos a invertir en productos o servicios de mayor valor.

Además, la escalera de valor te permite diversificar tus fuentes de ingresos y aumentar tu rentabilidad. A medida que ofreces productos o servicios en diferentes rangos de precios, puedes atraer a una mayor audiencia y satisfacer las necesidades y preferencias de diferentes segmentos de mercado. Eso sí, tienen que ser claramente distinguibles unos de otros para no ser canibalizados, como veremos más adelante.

Una posible estructura de la escalera de valor para un negocio *online* podría ser la siguiente:

- *Lead magnet*: es el primer escalón de la escalera, donde se ofrece algo de valor de forma gratuita a cambio de la información de contacto del cliente potencial. Puede ser un *ebook*, un video, una plantilla, etc. El objetivo principal es capturar la atención y generar *leads* (cliente potencial o personas con interés en lo que ofrecemos).

- *Tripwire* (oferta de bajo coste): en este nivel, se ofrece un producto o servicio a un precio muy bajo para convertir a los *leads* en clientes. El objetivo es proporcionar un valor significativo y crear confianza en la calidad de lo que se ofrece.
- *Core offer* (oferta principal): en este escalón se presenta nuestra joya de la corona, la oferta principal. Puede ser un producto o servicio de mayor valor y precio que proporcione soluciones más completas a nuestros clientes. Aquí es donde se busca maximizar las ventas y obtener la mayor parte de los ingresos.
- *Profit maximizer* (maximizador de ganancias): en este nivel se ofrecen productos o servicios adicionales que complementan la oferta principal y aumentan el valor percibido por el cliente. Pueden ser productos nuevos, prémium, programas a medida, etc. El objetivo es aumentar la rentabilidad por cliente.
- *Return path* (camino de retorno): en el último escalón nos enfocamos en mantener una relación a largo plazo con los clientes y fomentar su lealtad. Se ofrecen productos recurrentes, programas de suscripción, eventos exclusivos, etc. El objetivo es mantener a nuestros clientes comprometidos y generar ingresos recurrentes.

El peligro del canibalismo

En un mercado cada vez más competitivo, nuestras empresas se enfrentan a un importante desafío: el canibalismo de productos o servicios. Este fenómeno ocurre cuando los productos de nuestra empresa compiten entre sí, lo que resulta en una disminución de las ventas. Esto puede surgir debido a la superposición de características, funcionalidades similares o una falta de diferenciación clara entre los productos o servicios que ofrecemos. Es una situación compleja que puede generar confusión y plantear dudas sobre la estrategia a seguir:

¿Cómo podemos mantener una cartera de productos o servicios diversificada sin que se perjudiquen mutuamente? ¿Cómo podemos evitar que la competencia interna entre ellos debilite su posición en el mercado?

Una de las estrategias para abordar el canibalismo es la **segmentación** de mercado. Identificar y segmentar claramente a nuestros clientes según sus necesidades y preferencias, para que podamos ofrecer productos especializados y evitar la competencia directa entre ellos.

Otra estrategia es la **diferenciación** entre los productos o servicios que ofrecemos al mercado. Tenemos que comunicar y resaltar claramente sus características y beneficios distintivos, para que nuestros clientes perciban el valor real. Al hacer hincapié en estas ventajas específicas, conseguiremos reducir la probabilidad de que los clientes perciban los productos o servicios como sustitutos directos unos de otros.

En lo que va de año, ya he visto a varias pymes que han sufrido este problema. Una de ellas ofrecía un curso de *trading* muy popular, de precio elevado pero con una alta demanda. Sin embargo, para expandir su oferta y satisfacer las necesidades de estudiantes más avezados, decidió lanzar un nuevo curso de *trading* avanzado.

El problema surgió porque el nuevo curso avanzado cubría tanto los temas avanzados como los fundamentales, que ya se enseñaban en el curso básico. Esto comenzó a provocar su canibalización, ya que los clientes que estaban interesados en comprar el curso básico optaban por inscribirse solo en el curso avanzado, aunque fuese un poco más caro. Al final el curso básico termino muriendo de inanición.

Este ejemplo se extrapola a casi todas las áreas y sectores. Por eso, la gestión adecuada del canibalismo es esencial para mantener una cartera de productos o servicios sólida y garantizar el éxito a largo plazo en el mercado.

La canibalización casi siempre es producto de una mala planificación. Para combatirlo, podemos adoptar las siguientes estrategias:

- Realizar una adecuada **planificación de los lanzamientos** de nuestros productos o servicios.

- Estudiar bien a la **competencia** para crear productos que compitan exclusivamente contra ellos.
- Cuidar especialmente los productos que nos dan más rentabilidad, así como los que aportan buena imagen a nuestra compañía, para evitar a toda costa que compitan internamente.
- Estudiar a los **clientes** de cada producto de forma separada, para poder enviar mensajes acertados a cada segmento, evitando incongruencias y confusiones en los mensajes que les traslademos.
- Evitar que se solapen en exceso características y funcionalidades de los distintos productos o servicios.

Dicho esto, hay que añadir que la canibalización no siempre es algo negativo:

Netflix es un ejemplo de una empresa que ha logrado manejar el fenómeno del canibalismo de productos en el mercado tecnológico. Desde su inicio en 1999, Netflix revolucionó el consumo de películas al permitir a los usuarios alquilar películas y acceder a reseñas desde sus casas. Sin embargo, la compañía no se detuvo allí.

Consciente de que su liderazgo en el mercado del alquiler de películas tenía un tiempo limitado, Netflix tomó una decisión en 2008: lanzar su propio servicio de *streaming*. En vez de aferrarse a su modelo de negocio existente, Netflix decidió canibalizar a su servicio para introducir algo nuevo y revolucionario.

Esta estrategia implicaba arriesgar su posición dominante en el alquiler de películas físicas, pero el tiempo demostró que mereció la pena y el resultado fue un éxito rotundo.

«La estrategia sin ejecución es una alucinación» (Thomas Edison).

Capítulo 10. Seguimiento y evaluación de la estrategia

Periodicidad de la estrategia

Una pregunta inevitable que nos tenemos que hacer es con cuánta periodicidad debemos revisar la estrategia global y elaborar una nueva. Para contestar esto tenemos que entender los parámetros que impactan en nuestra estrategia y que podemos dividir en tres grupos: la madurez de la empresa, el sector y el entorno.

La madurez de la empresa es un factor muy importante en la fijación del alcance temporal de la estrategia. Una empresa de nueva creación sin un modelo de negocio probado deberá tener una revisión estratégica semanal o quincenal, mientras que en una empresa mediana podría ser trimestral o semestral. Y esto es porque las *startups* se diferencian de las empresas grandes por tener mucha incertidumbre, tanto interna como externa. El hecho de que estén descubriendo su modelo de negocio y cómo pueden escalar sus operaciones hace que la planificación sea más cortoplacista. A fin de cuentas, cuanta más madurez, más estabilidad, mayor cantidad de datos pasados y, por lo tanto, menos variables que no están bajo control.

El segundo factor es el sector y el entorno competitivo que rodea a la empresa. Cada sector puede tener unos factores clave, como el precio de las materias primas, la tecnología, los competidores o incluso la legislación específica que les afecta, que pueden generar mayor o menor incertidumbre sobre nuestra empresa. Serán estas características específicas de nuestro sector las que aumentarán o disminuirán la necesidad de revisión estratégica.

El tercer factor es el entorno global. En momentos con mayor incertidumbre económica, tecnológica, social o política es importante reducir la revisión de la estrategia con el fin de tener bajo control nuestro rumbo y poder adaptarnos a cambios más rápidamente.

La importancia de los indicadores

Una vez que tenemos a los equipos trabajando en los planes de acción, es el momento de establecer el análisis del *feedback*. Para esto, se hace necesario establecer un control de resultados periódicos que vaya comparando lo datos obtenidos con los resultados esperados.

Aquí es donde pueden empezar a aparecer las incoherencias con el plan establecido. Por eso, en esta fase es crítico disponer de los KPI (*Key performance Indicators*) bien definidos.

Se hace necesaria la implantación de un cuadro de mando (*Balanced Scorecard*) que permitirá evaluar el desempeño de la organización desde cuatro perspectivas. Este concepto fue introducido por Robert Kaplan y por David Norton en 1990, y su objetivo es reducir la brecha entre la estrategia y su ejecución. Para abordar esto, se deberá dar respuesta a las siguientes preguntas:

- ¿Qué resultados financieros quieres conseguir con tu empresa? ¿Cómo se conseguirán?
- ¿Como conseguirás satisfacer a tus clientes?

Cuando estamos en una fase muy inicial no debemos ser muy ambiciosos, y tener bien controladas estas dos primeras preguntas puede ser más que suficiente. No obstante, a medida que la empresa crece, deberemos incorporar estas otras dos perspectivas:

- ¿En qué procesos internos deberías enfocarte para satisfacer a tus clientes?
- ¿Qué deberán aprender tus empleados para conseguir que los procesos internos funcionen eficientemente?

El cuadro de mando no es más que una herramienta que busca vincular la estrategia a las acciones operativas que se ejecutan en el día a día.

De esta forma, se posibilita evaluar si estas acciones se han realizado eficientemente o no para, a partir de ahí, tomar las decisiones oportunas. Siempre que midamos algo ha de ser para reflexionar y tomar decisiones. Por eso, es **recomendable medir poco pero bien**.

En resumen, hasta ahora hemos definido con claridad el negocio de la compañía, fijado los objetivos y metas, desarrollado estrategias y el plan para su ejecución, culminando con la monitorización de los resultados para detectar posibles desviaciones y sus causas. Estas mediciones, en función de sus resultados, pueden inducir un cambio en las acciones ejecutadas o incluso los objetivos, volviendo a comenzar el flujo, en consonancia con el ciclo PDCA de Deming (planifica-haz-comprueba-actúa).

McKinsey & Company es una de las principales consultoras de estrategia a nivel mundial y ha publicado muchísimos artículos y libros sobre el tema a lo largo de los años. Uno de los primeros que cayó en mis manos fue *Las disciplinas de la estrategia*, publicado en la Harvard Business Review en 2001.

En línea con lo que estamos viendo, sostienen que una estrategia efectiva debe tener tres elementos clave: una definición clara y ambiciosa de la posición que se busca en el mercado, una serie de iniciativas detalladas y realistas para alcanzar esa posición y un sistema de **métricas** y objetivos que permitan medir el progreso y la efectividad de la estrategia.

El tema de mediciones e indicadores es algo que he incorporado en los últimos años a los cursos de estrategia, debido a lo poco asentados que estaban estos conceptos y a los errores cometidos a la hora de seleccionar los adecuados. No voy a profundizar porque sería necesario otro libro, pero sí quiero que queden claras algunas ideas básicas.

Un buen indicador debe estar alineado con las metas de la empresa y ser medible de manera objetiva. Debe proporcionar información clara y relevante sobre el progreso hacia la consecución de los objetivos y permitir la toma de decisiones informadas.

No se pueden utilizar los datos como fotografías del pasado. Muchas veces se habla coloquialmente de la **autopsia del muerto**. Ya murió, pero ¿podría haberse salvado? Pues, muchas veces, sí. En otras palabras: si lo datos hubiesen llegado a tiempo, por lo menos se hubieran podido analizar y tomar decisiones para mitigar su impacto.

Un buen indicador debe ser accionable, proporcionándonos información clara sobre qué acciones y medidas se deben tomar para mejorar los resultados.

Un KPI (indicador clave de rendimiento) consta de tres partes. Tiene un objetivo (un valor umbral considerado crítico por la organización), una fecha en la que se debería alcanzar el objetivo y una medida de progreso, de tal forma que, en un momento dado, podamos evaluar el rendimiento obtenido en relación con el objetivo.

Utilizando un símil náutico, imagina que tu empresa es un barco y estás navegando para llegar al puerto. Los KPI de resultados serían aquellos que miden los objetivos relativos al **viaje** del barco, en concreto, su grado de cumplimiento. Por ejemplo, distancia al lugar de destino, velocidad, posición, etc., teniendo en cuenta que la estrategia de la empresa se corresponde con el viaje del barco (por dónde vamos a navegar y cómo vamos a hacerlo). Los KPI operativos serían aquellos que miden los objetivos relativos al **funcionamiento** del barco, independientemente del viaje que realiza. Por ejemplo, temperatura del motor, presión del aceite, nivel de combustible, etc. El funcionamiento se corresponde con el desempeño de los procesos de la empresa. Ten presente esta distinción (viaje-funcionamiento) que te permitirá recordad con facilidad los tipos de indicadores y sus características específicas.

Una de las trampas más frecuentes que hacen que los KPI no sean útiles es que la lista es tan larga que resulta inmanejable en la realidad. La gestión de los indicadores exige una dedicación de recursos importante. Por eso, decimos que medir es caro, aunque la recogida de datos y el cálculo sea totalmente automatizado.

Antes de comenzar una estrategia de datos e indicadores debemos tener claro para qué, para quién, cómo y cuándo. **Los datos no sirven para**

nada si no los podemos convertir en información clave para nuestro negocio. Esta información la utilizaremos posteriormente para mejorar nuestro plan de acción. Y la mejora en esta toma de decisiones de la propia actividad es la que suele facilitar, a la larga, la conversión de datos en beneficios.

Resumiendo, los indicadores nos sirven para detectar desviaciones de los objetivos y conocer sus causas, que pueden ser internas (por una mala ejecución) o externas (por un cambio de tendencia en el mercado o una maniobra agresiva de nuestra competencia), permitiéndonos adaptar nuestra estrategia al entorno o corregir nuestras ineficiencias operativas.

Las mediciones que únicamente nos confirman si estamos alcanzando los resultados deseados o no son lo que llamamos **indicadores atrasados**, y no suelen ser útiles para predecir o anticipar el futuro. Son, más bien, un tipo de métrica que mide el resultado final de un proceso. Tenemos como ejemplo:

- Ventas totales del mes anterior.
- Ganancias netas del trimestre anterior.
- Número de quejas de clientes recibidas el mes pasado.

No obstante, para adaptar la estrategia a todos los cambios que van surgiendo en el entorno vamos a necesitar indicadores previos al impacto que sufrimos, dado que, si el dato es demasiado tardío, puede que no tengamos suficiente margen de maniobra para actuar. Para eso utilizaremos los **indicadores adelantados**, que medirán las consecuencias más inmediatas de las acciones y nos permitirán ser proactivos y poder tomar decisiones para evitar un mal mayor. Afectan a la métrica final, pero en un momento anterior en el tiempo. Entre ellos, tenemos los siguientes:

- Nivel de satisfacción del cliente
- Tasa de conversión de ventas
- Índice de precios de los proveedores

En el mundo de las finanzas y de las inversiones en bolsa a largo plazo, se utilizan como indicadores adelantados los del sector de semiconductores, automóviles e inmobiliarios. Cuando estos empiezan a caer, las alarmas saltan. Otros, como el desempleo, son indicadores atrasados, que alcanzan su pico cuando la economía está muy debilitada y suelen marcar el comienzo de una leve tendencia alcista. No es dogma ni está soportado por una fórmula matemática, pero los inversores lo suelen utilizar como puntos de decisión.

Lo óptimo para nuestra empresa es disponer de indicadores que tenga en cuenta tanto el corto plazo de los indicadores adelantados (por ejemplo, contactos con potenciales clientes), como el largo plazo de los atrasados (por ejemplo, ventas semestrales).

Es fundamental que dediques tiempo a identificar correctamente los indicadores más relevantes para tu empresa, pues será lo que te ayude a tomar decisiones a tiempo y a evitar la **autopsia del muerto** que vimos antes. Si careces de indicadores, o los tienes y no los analizas, estarás a merced de los vaivenes del momento.

Hace unos meses, a principio de febrero 2023, saltaba a prensa la quiebra de Bed Bath & Beyond, minorista estadounidense de artículos para el hogar creada en 1971.

Hubo varias causas, pero una de las más importantes fue el ignorar las quejas de los clientes durante los últimos dos años, relativas a:

- La sustitución de los productos preferidos por los clientes, como All-Clad, Oxo o Mikasa, por productos de marca blanca que no terminaban de gustar a sus clientes.
- La lentitud en los envíos, debido a fallos en las operaciones de logística. Esto contrastaba con los de la competencia, que estaba desplegando el envío el día siguiente e incluso el mismo día.

En este caso, disponían de datos e indicadores, pero no los analizaron y no actuaron en consecuencia. Y, al final, si retrasas la respuesta a problemas operacionales, se terminan convirtiendo en problemas estratégicos. Lo coyuntural pasa a ser estructural y los problemas empiezan a multiplicarse.

La falacia McNamara

Robert McNamara fue secretario de Defensa de los Estados Unidos durante la guerra de Vietnam. Al fallecer en 2009, el New York Times le describió como «el arquitecto de una guerra fútil».

McNamara era un firme convencido del método científico, obsesionado por las decisiones racionales basadas en datos; hasta ahí todo bien. El problema de McNamara era que ignoraba todo aquello que no podía cuantificar. Este sesgo tuvo graves consecuencias porque, muchas veces, lo que no se puede medir cuantitativamente también es importante.

McNamara trató la guerra de Vietnam como si estuviese planteando una ecuación matemática, y decidió afrontarla tomando decisiones basadas únicamente en observaciones cuantitativas. Si por cada soldado norteamericano caído en combate morían diez Vietcongs, estaba claro que los resultados iban en la línea correcta. Pero, con más de 800 000 enemigos muertos frente a los 58 000 soldados norteamericanos, Estados Unidos perdió la guerra.

Hubo algo que no podía medir McNamara y que, a la postre, le costaría perder la guerra, y fue la increíble voluntad de los vietnamitas para luchar contra el enemigo. Tampoco calibró el impacto que tenía cada soldado que volvía en un féretro sobre la opinión pública estadounidense. No se podía medir, pero terminó resultando vital para el devenir de la guerra.

Así pues, la falacia McNamara consiste precisamente en esto: concentrar nuestros esfuerzos en aquello que podemos medir, ignorando todo lo demás. Y, como en Vietnam, resulta que en nuestras empresas hay también cosas que no podemos medir, pero que son igual de importantes, aunque no aparezcan reflejadas en una métrica.

La falacia de McNamara nos ciega ante lo que realmente está sucediendo. En nuestra empresa, si detectamos que todos nuestros KPI se mueven en la dirección correcta, pero el resultado final no está mejorando, estaremos muy probablemente siendo víctimas de esta falacia. Esto requerirá dar un paso atrás y analizar tanto nuestra estrategia como los indicadores que estamos utilizando para su seguimiento.

No podemos olvidar que las empresas y los negocios están relacionados con personas y sus reacciones, que muchas veces son imprevisibles. Es más probabilístico que determinístico y, por ese motivo, las decisiones relacionadas con la estrategia no pueden pivotar únicamente sobre la analítica de datos.

El sesgo de las pequeñas muestras

La ley de los pequeños números de Kahneman y Tversky se refiere a la tendencia que tenemos a sobreestimar la importancia de resultados basados en muestras pequeñas. Esta ley se aplica a la estrategia de nuestra empresa cuando analizamos los resultados de un proyecto o a una iniciativa con un impacto aparentemente significativo, pero basado en un conjunto de datos limitado.

Te pongo un ejemplo: imagínate que lanzamos una campaña publicitaria en una ciudad específica y conseguimos un aumento significativo en las ventas en esa área. Si decidimos expandir la campaña a nivel nacional basándonos solo en estos resultados, estaríamos aplicando esta ley de los pequeños números. La muestra de una sola ciudad no es lo suficientemente representativa como para garantizar que el aumento en las ventas se deba únicamente a la campaña publicitaria y no obedezca a otros factores adicionales, como la temporada de compras o una competencia reducida en esa ciudad de lanzamiento, es decir, debida a los efectos del entorno.

Para evitar este sesgo, tenemos que aplicar un enfoque de prueba y error y realizar la campaña publicitaria en varias ciudades, antes de decidir expandirla a nivel nacional, recopilando datos de una muestra más grande y representativa.

Aplica y contextualiza este simple ejemplo a tu empresa y a su entorno. No importa la urgencia y prisa que se tenga, poner fe en pocos datos puede ocultar otros que pueden ser relevantes y terminar hundiendo un negocio.

Además de las pequeñas muestras, hay que tener cuidado con los valores medios, cuyo uso suele ser indiscriminado. No es aconsejable tomar decisiones basándose únicamente en estos valores porque su problema es que se ven afectados significativamente por la presencia de valores atípicos y pueden no ser una representación correcta del comportamiento de nuestro modelo datos. Se dice que, si la cabeza de alguien está en el congelador y la pierna en el horno, la temperatura media del cuerpo sería la correcta, pero la persona podría no estar viva.

Así como hay sesgos que conviene evitar, hay otros indicadores que nos interesaría utilizar porque nos proporcionarán, con poco esfuerzo, pistas de cómo de bien o mal encaminados vamos para lograr nuestro objetivo. No deben usarse solos, pero nos ayudarán, en más de una ocasión, a la toma de decisiones. El grupo de rock Van Halen me ayudará a explicar esto.

La cláusula Van Halen

La cláusula Van Halen es una cláusula peculiar que incluía este grupo de rock en sus contratos en la década de 1980 y que se hizo famosa por su aparente extravagancia y exigencias inusuales. Sin embargo, detrás de esta aparente excentricidad, había un propósito estratégico muy ingenioso.

Esta cláusula requería que se colocara un bol de M&M's en el *backstage*, pero con la condición de que se retiraran todos los marrones. A primera vista, esto podría parecer un capricho sin sentido, pero en realidad tenía un propósito muy específico. La banda incluía esta cláusula en sus contratos como una forma de verificar si el promotor había leído y seguido detenidamente todas las instrucciones técnicas y de seguridad, que eran cruciales para la realización de sus conciertos. De no cumplirse, podían cancelar el concierto y cobrar igualmente. Años después, desvelaron la verdad sobre esta exigencia, aparentemente absurda.

La razón era que sus escenarios y equipos de luz y sonido eran enormes, mucho más pesados y potentes que los que desplegaban otros grupos, y su apretado calendario de conciertos les impedía revisar exhaustivamente si todo estaba montado a la perfección. Al llegar al lugar donde tendría lugar el concierto, lo primero que hacían era mirar el cuenco de M&M's y de un vistazo sabían si habían leído el contrato con atención o no.

Si encontraban alguno de color marrón, ordenaban revisar en profundidad todo el montaje, porque lo más probable es que hubieran incumplido otras cláusulas del contrato, algunas críticas, como la estructura o la capacidad de la instalación eléctrica, que podían poner en riesgo a trabajadores y público.

Y durante años no pasó nada, hasta que, finalmente, sucedió. En un concierto en Colorado donde encontraron M&M's marrones, el escenario se hundió en el suelo, destrozando una cancha de baloncesto nueva que se acababa de instalar.

Una historia que esconde un argumento ingenioso, en el que se pone de manifiesto cómo un indicador clave puede ser tan relevante y crítico, que solo con su medición podemos detectar la existencia de otros errores o anticipar determinado tipo de sucesos.

No siempre se encontrarán este tipo de indicadores, pero merece la pena hacer el esfuerzo de localizarlos por su inmediatez y simplicidad.

El periscopio estratégico

Mientras Dennis Muilenburg era el consejero delegado de Boeing, fue nombrado Persona del Año 2018 por Aviation Week. Once meses después, su consejo le pidió que dimitiera en medio de la debacle del 737 MAX de la compañía, uno de los errores corporativos más caro de la historia. Cuando las cosas van bien, es difícil imaginar que se avecina una crisis y, sin embargo, está siempre acechando. Para muchos directores generales, la cuestión no es si tendrán que superar una crisis, sino cuándo.

Los acontecimientos macroeconómicos, las pandemias, los conflictos internacionales, las catástrofes naturales, los conflictos sociales, los atentados terroristas y otros innumerables factores externos pueden crear condiciones de crisis para las empresas.

En Netflix, su consejero delegado y cofundador Reed Hastings realiza de forma sistemática el siguiente ejercicio: «han transcurrido diez años y Netflix es una empresa en quiebra. Estima las probabilidades de las distintas causas, su impacto y posibles alternativas». Hastings y su equipo repasan la lista, haciendo valoraciones de las respectivas probabilidades. Según él, a veces la discusión gira en torno a lo que pueden hacer con alguno de estos riesgos, pero, muchas veces, el mero hecho de definir a qué riesgos se pueden enfrentar impulsará al equipo a ajustar comportamientos y procedimientos para hacerlos más resistentes a los envites del entorno.

Es, por tanto, fundamental estar con el periscopio estratégico siempre activado, observando el mercado, los clientes, la competencia y el rendimiento de nuestra compañía para, en base a esto, realizar simulaciones periódicas de posibles escenarios futuros. Esto nos dará nuevas perspectivas para la elaboración de la estrategia que, de otro modo, no se hubieran considerado.

«Los analfabetos del siglo XXI no serán quienes no sepan leer o escribir, sino los que no sean capaces de aprender, desaprender y reaprender»
(Alvin Tofler).

Capítulo 11. Cerrando las brechas estratégicas: superando los desafíos de implementación

Brechas más importantes

El diseño de una visión clara, la fijación de unos objetivos y la búsqueda de la forma más eficiente de conseguirlos constituyen la antesala del despliegue de nuestra estrategia. Será aquí donde nos enfrentaremos a todo tipo de obstáculos que harán peligrar su éxito, estableciendo, en ocasiones, marcadas diferencias entre nuestro plan y la realidad.

Una vez que la estrategia ha sido elaborada y revisada debe ser difundida y, para ello, hay que adquirir el hábito de la pedagogía de la estrategia. Tengo que asegurarme de que todos los grupos encargados de su ejecución entendieron qué es la estrategia; no que la leyeron, no que la vieron en mensajes, sino que la entendieron. Si queremos ejecutar la estrategia con éxito, tenemos que ser obsesivos con la comunicación, la forma, la frecuencia y la calidad de la información transmitida, así como con el *feedback* recibido.

Uno de los motivos más importantes por los que no se ejecuta la estrategia es la barrera del conocimiento. La organización no la entiende y, especialmente, no la entienden aquellos encargados de su ejecución.

Decía Peter Drucker que para ser un buen médico tienes que realizar un buen diagnóstico, pautar un tratamiento y saber tratar al paciente. En la facultad de medicina enseñan el diagnóstico, en el hospital aprenden el tratamiento, pero cómo tratar al paciente no se lo enseña nadie, y eso explica muchas situaciones que todos hemos vivido en el entorno sanitario. Con la ejecución, a veces, sucede algo similar.

A pesar de que se tiende cada vez más a una estrategia abierta, con una mayor participación de todos los niveles de la organización, la realidad es que en la mayor parte de empresas la estrategia se define y se despliega de arriba abajo. Son los mandos directivos quienes establecen los objetivos y definen la estrategia que guiará a toda la organización.

No obstante, la estrategia se ejecuta y se mide de abajo hacia arriba, desde los niveles más operativos hasta los más directivos, consolidando y agregando los datos de los distintos departamentos. Ya hemos visto que los empleados de primera línea, que tienen un conocimiento directo de las operaciones diarias, desempeñan un papel clave al identificar desafíos, oportunidades y posibles mejoras en la ejecución de la estrategia. Su participación aporta una perspectiva de mucho valor para ajustar y adaptar la estrategia según sea necesario. No obstante, hay muchas empresas que tienen una cultura y clima laboral tan tóxico que pierden la oportunidad de aprovechar el conocimiento de estos puestos base.

Decía Richard Branson que «la verdadera sabiduría de una organización no reside solo en sus líderes, sino en aquellos que están en primera línea, interactuando directamente con los desafíos y oportunidades diarias. Escuchar a esos empleados y permitir que su perspectiva influya en la estrategia es fundamental para el éxito duradero de cualquier empresa». No podría estar más de acuerdo, y lo he comprobado, además, en las distintas empresas con las que he trabajado.

Sabrás que has comunicado bien la estrategia cuando consigas el compromiso con las personas clave en la organización, de tal forma que:

- Sientan como suyas las metas de la organización.
- Entiendan las interdependencias entre las metas y los objetivos de su unidad.

La ejecución de la estrategia será más efectiva cuando utilices palabras que todo el mundo entiende. La prosa rimbombante y las redacciones cargadas están destinadas al olvido. Cuanto más específica y clara sea la estrategia, más fácil será de implementar. Si hablas como un magistrado del Tribunal Constitucional, solo los abogados te entenderán, con suerte. Si lo haces como un peón, te entenderán tanto los peones como los magistrados.

La estrategia tiene que ser extremadamente clara, especifica y simple. Su objetivo es aplicarla, no contemplarla.

Es también fundamental explicar de forma sencilla los objetivos, metas, retos y recursos asignados a las distintas unidades, así como su impacto en la estrategia. La comunicación debe ser bidireccional, fomentando el diálogo y brindando oportunidades para que el equipo pueda hacer preguntas y aclarar dudas.

Además de la brecha de la comunicación, tenemos otra menos común en la ejecución de la estratégica y es la relacionada con el presupuesto. De nada sirve que hayamos elaborado una estrategia perfecta que, si no está correlacionada con el presupuesto, se convertirá en un manual que acabará durmiendo el sueño de los justos en alguna estantería. La estrategia que no está en el presupuesto no existe y las acciones planteadas tendrán poco o ningún recorrido.

Otro elemento a tener en cuenta es la cultura de la organización, que puede actuar como catalizador o como escollo. Si los riesgos asumidos por el personal que terminan en fracaso tienen consecuencias negativas, los directivos rápidamente aprenderán a comportarse y tomar decisiones que minimicen los fracasos. Y esta aversión al riesgo controlado producirá siempre una estrategia muy débil. Por tanto, una cultura que penaliza el riesgo y fomenta el miedo de los directivos a perder los incentivos financieros o profesionales se convierte, en muchas ocasiones, en un obstáculo para la estrategia.

Por otro lado, la estrategia puede ser correcta, pero tan sumamente aburrida que nadie quiera leerla. Puede incluir ideas nuevas, sí, pero no serán creíbles. O puede ser tan compleja que se tarde más en leerla que en hacer lo que se dice. O tan genérica y tan poco aterrizada que nadie sepa qué se espera de ellos.

La importancia del *timing*

Para la elaboración de la estrategia habíamos considerado diversos factores: a quién nos vamos a dirigir (cliente ideal), por qué canal y de qué forma íbamos a intentar perseguir ese objetivo definido, entre otras. Ahora vamos a añadirle otra más: el cuándo.

Bill Gross ha fundado muchas *startups*. También ha ayudado, a través de su incubadora Idealab, a crear más de ciento cincuenta empresas. Las *startups* a las que ha apoyado no se alejan de la tendencia general. Algunas han conseguido alcanzar el éxito y otras, muchas de ellas, han fracasado.

Bill estaba obsesionado en investigar las razones que se hallan detrás del éxito y el fracaso de los negocios. Para ello, analizó no solo algunas de las cien empresas lanzadas por Idelab, sino también otro centenar de empresas ajenas a su organización.

Seleccionó los cinco factores que, presuntamente, intervienen en el éxito de las compañías:

La idea

Normalmente la consideramos como el factor clave, lo principal para el desarrollo del proyecto. No obstante, se concluyó que, en muchos de los casos, la idea está sujeta a constantes evoluciones y adaptaciones, debido a la actual volatilidad del mercado, lo que obliga a adaptarse a sus cambiantes caprichos. Aunque es importante, no lo es tanto como se piensa, y no es el factor preponderante para el éxito de la empresa.

El equipo

Se analizó la idea del equipo, cómo desempeñan su trabajo, cómo se adaptan a los problemas y cambios de la compañía, y se llegó a la conclusión de que los equipos que escuchan con atención al mercado y reaccionan a sus cambiantes necesidades son los que más progreso y productividad reportan. Es un factor muy importante a tener en cuenta.

El modelo de negocio

Después de la idea y el equipo, se pensó que tal vez el modelo de negocio fuese la pata más importante, ya que ¿cómo puede una compañía crecer exponencialmente hasta asentarse, o liderar el mercado, sin un modelo de negocio definido? Después de analizar a todas las empresas, se concluyó que, en muchas de ellas, durante sus fases iniciales de existencia, el modelo de negocio no era tan especialmente relevante como se creía. Tenemos como ejemplo Twitter, actualmente X, que, a pesar del éxito alcanzado, no desarrolló inicialmente un modelo de negocio para generar beneficios. Todo ello vino después, tras crear una audiencia sostenible. A partir de ahí, sí se desarrolló claramente el modelo con vistas a explotarlo económicamente.

La financiación

Con anterioridad a la realización del estudio, se sabía perfectamente que algunas de las grandes compañías habían recibido rondas de financiación muy elevadas y, sin ellas, es muy probable que ya hubieran desaparecido. No obstante, tras el estudio de todos los factores en las distintas compañías, se concluyó que era el factor menos relevante de los cinco.

El *timing* o momento

El último de los puntos analizados por Gross es quizás el más novedoso, el que menos aparece en el imaginario colectivo: ¿está el mercado listo para tu idea? ¿Tienen tus clientes la tecnología necesaria para poder usar o consumir tu producto? ¿Tienes que educar a tu público? ¿Estás a tiempo? ¿O ya es demasiado tarde y tienes demasiada competencia?

Curiosamente, en las compañías que habían fracasado, había mucha más disparidad: un buen o mal equipo, una elevada financiación, buenas ideas, etc. Sin embargo, todas compartían un mismo punto crítico en sus puntuaciones: el **momento** en el que fueron lanzadas al mercado.

Aplicando dichas variables a las empresas analizadas se obtiene el siguiente reparto porcentual: en el 42 % de los casos de éxito, el *timing* había sido el factor principal, seguido por los equipos, con un 32 %. Ocupa el tercer lugar la idea, a la que se le atribuye la razón de éxito en el 28 % de los casos, y le sigue en importancia el modelo de negocio, con un 24 %. La base de la pirámide es para la financiación, con un 14 %.

En resumen, Gross, se dio cuenta de que la diferencia entre el éxito o fracaso de una *startup* dependía en, alto grado, del momento en el que salía al mercado.

La historia de Airbnb empezó con el rechazo de varios inversores —se comenta que siete inversores dejaron pasar la oportunidad—. Los inversores pensaban que nadie iba a alquilar una habitación en su casa a un desconocido y que era una propuesta destinada al fracaso.

Aunque la idea de negocio era original y brillante, hubo más compañías que probaron fortuna con esta idea, con este mismo modelo de negocio, pero no obtuvieron el éxito esperado. Y es que una de las razones de su éxito fue su puesta en marcha en la crisis inmobiliaria del 2008. Dada la dura recesión experimentada en Estados Unidos en ese momento, muchos estaban dispuestos a alquilar sus habitaciones o casas para obtener ingresos adicionales, y eso ayudó a vencer los miedos a alquilar las casas a un desconocido.

Lo mismo sobre el *timing* es aplicable a negocios como Instagram, YouTube, etc.

Y en la otra cara de la moneda tenemos a otra empresa que realizó el lanzamiento de su negocio en el momento equivocado.

Z.com era una compañía de entretenimiento en línea que, aparentemente, tenía todo lo necesario para triunfar: contaban con suficiente financiación y un modelo de negocio de éxito. Llegaron incluso a contratar a actores de Hollywood para la promoción.

No obstante, hubo un factor que impidió su éxito: la red aún no estaba lo suficientemente desarrollada. Por un lado, la calidad de Internet era muy baja y la penetración de banda ancha en Estados Unidos entre 1999 a 2000 era muy escasa. Por otro lado, existía una dificultad técnica para ver contenido en línea, siendo necesario incluir códecs en los buscadores. La compañía terminó cerrando en 2003.

Solo dos años más tarde del cierre, en 2005, Adobe Flash resolvió el problema del códec. Y cuando la mitad de los estadounidenses tuvieron acceso de calidad a Internet, nació YouTube. No tenía un modelo de negocio cuando comenzó y ni siquiera estaban seguros de que llegase a funcionar. Pero llegaron justo a tiempo, en el momento perfecto.

Así que deja de obsesionarte por la financiación, deja de enfocarte solo en el modelo de negocio, deja de romantizar tu idea y comienza por preguntarte ¿es el *timing* adecuado?

Y para esto tienes todas las herramientas que hemos visto y, especialmente, el PESTEL que, a través de su análisis, nos ayuda a determinar la existencia de los elementos que pueden influir en que el *timing* sea el correcto o no.

Hace unos meses estaba en un auditorio disfrutando del *Concierto para flauta n.º 1 en sol mayor* de Mozart. Y, justo en medio del concierto, me vino a la cabeza una idea que escuché hace algún tiempo.

Cuando vas a un concierto de flauta en un auditorio, hay un momento en que los otros instrumentos tienen que parar de tocar para dejar que la flauta haga su solo.

La flauta es un instrumento que no tiene un tono elevado, por tanto, si el resto de los instrumentos no paran de tocar, no se puede apreciar bien la flauta, la protagonista del concierto.

Al hacerlo así, incluso estando en el quinto anfiteatro del recinto, puedes escucharla bien. Y nada más esta acaba de hacer su solo, el resto de músicos retoman la acción y todo ello provoca un ambiente musical perfecto.

¿Por qué lo hacen así y qué tiene esto que ver con la estrategia?

En el mundo de la estrategia, y también en el de las flautas, la clave está en **dejar espacio a lo**

importante. Esto supone saber no solo lo que tienes que hacer y cómo tienes que hacerlo, sino cuándo tienes que hacer las cosas y cuándo tienes que dejar de hacerlas.

Herramientas

Hay tres ideas que es necesario conjugar para conseguir elaborar e implementar una buena estrategia:

1. El crecimiento empresarial viene por nuevas formas de pensar.
2. Herramientas y sistemas nos ayudan a cambiar comportamientos.
3. Lo complejo es el principal enemigo de la ejecución.

Si quieres desarrollar una estrategia para que tu empresa crezca, deberás cambiar pensamientos y comportamientos y, para ello, tienes que disponer de herramientas sencillas que permitan sistematizar acciones y reacciones.

«La estrategia es una opinión sobre lo que se debe hacer, respaldada por una comprensión profunda de los factores internos y externos que afectan a la organización» (Richard Rumelt).

Capítulo 12. Conclusiones

Reflexiones finales

He intentado, a través de historias reales, de empresas grandes y pequeñas, con sus éxitos y fracasos, facilitar la asociación de conceptos para que te ayuden a entender la estrategia y la toma de decisiones vinculadas a ella. He repetido varios puntos clave deliberadamente, a veces desde distintos ángulos, con el fin de que se asienten y fermenten en tu cabeza. Recordamos algunos:

- Una estrategia es una coordinación de esfuerzos para alcanzar una ventaja competitiva, pero no es sinónimo de éxito. La estrategia busca resolver problemas y no definir objetivos.
- Un diagnóstico es un estudio de la situación, de la complejidad de la realidad; un juicio que realizamos y con el que damos significado a un conjunto de hechos.
- Si no identificas y analizas los obstáculos, no tienes una estrategia. Tendrás un objetivo

ambicioso, un presupuesto o una lista de cosas que quieres que sucedan, pero no una estrategia. El buen estratega, además, tiene identificados una lista de posibles obstáculos con sus posibles soluciones, para evitar que los caprichos del entorno le cojan desprevenido.

- Una buena estrategia proporciona coherencia, prepara acciones coordinadas, políticas y recursos para alcanzar un hito importante.
- Visión a largo plazo. Hay veces que debes decidir y tomar decisiones que implican renunciar a rentabilidad ahora para poder conseguirla a largo plazo.
- Enfoque. La estrategia implica foco y, por tanto, elección. La dificultad esencial de definir una estrategia es la elección en sí misma.
- Creatividad. Si haces lo mismo que todos, eres como todos. Busca una solución diferente al problema que quieres resolver. Utiliza y aprovecha al máximo ese punto diferencial.
- Riesgos controlados. En muchas ocasiones, lo más arriesgado es no arriesgar nada. Una estrategia no teme al riesgo.
- Evitar dispersión. Menos es más. Cuando ofreces muchos servicios en tu propuesta de valor, es muy probable que, si no lo haces bien, comuniques al mercado que no tienes nada especial, dando la impresión de que

solo vendes una mercancía como servicio. He insistido mucho sobre esto a lo largo del libro.

- Evitar la inercia. Es el enemigo silencioso de la ejecución estratégica. Cuando una empresa se sumerge en la rutina y se aferra a viejos procesos, ideas y formas de hacer las cosas, se vuelve resistente al cambio y al progreso. La inercia impide la adaptación a un entorno empresarial en constante evolución y limita la capacidad de nuestro negocio para aprovechar nuevas oportunidades.

- Falta de seguimiento y evaluación. Si no se realiza un seguimiento regular y una evaluación continua del progreso de la ejecución estratégica, es difícil identificar desviaciones y poder realizar los ajustes necesarios. La falta de monitorización puede llevar a la pérdida de oportunidades y al estancamiento.

- Evitar el FOMO. No te ciegues por las últimas técnicas de *marketing*, ni de SEO ni de embudos. He visto *startups* con gastos realmente altos en *marketing* que no han producido ningún beneficio sostenible. Las fases de atracción, captación y conversión pueden realizarse de infinidad de formas, unas con mayor inversión que otras, pero tienen que ser acordes a tu estrategia, tu propuesta de valor y los recursos (personas o tiempo) que puedas asignarle. Hay quien se compra un camión cuando lo que necesita es un coche pequeño para poder circular por la ciudad. Ni lo más sofisticado ni lo más novedoso tienen que ser lo que más convenga a tu empresa.

- Escapar del triángulo del fracaso:
  - No sé qué ofrecer: no he analizado en qué es buena mi empresa, qué necesita el mercado en este momento y cómo puedo conjugar ambos factores.
  - No sé qué decir: no tengo un mensaje ni una narrativa definida sobre mi producto o servicio.
  - No sé cómo vender: no tengo definido mi cliente, ni un nicho de mercado al que dirigirme, ni una estrategia de monetización.
- El buen estratega debe tener capacidad para analizar los datos y explotarlos, habilidad para ver conexiones entre todos los *inputs* y curiosidad para explorar, para ver lo que hay detrás de la esquina y anticipar lo que otros no ven.
- Una estrategia no se crea porque sí. Recurres al pensamiento estratégico porque se busca mejorar y tomar decisiones inteligentes. Se busca crecer y mejorar la ventaja competitiva sobre el resto. Para mantenernos igual y conservar el *statu quo*, no necesitamos estrategia.

Recomendaciones finales

Este libro está escrito con un enfoque práctico. Para ello, analiza, reflexiona, cuestiónatelo y piensa si es aplicable a tu proyecto o en tu trabajo. Mi objetivo es que te sea útil, no que te deleites con la lectura. Si eso sucede, mejor, pero no es lo que yo persigo. No quiero que entiendas, quiero que aprendas. Y la diferencia es sutil porque entender es el punto intermedio entre la experiencia y la razón. Aprender, en cambio, es un nivel superior, experimentas, entiendes, lo razonas y finalmente lo aprendes.

Mi único propósito es que puedas aplicar algunas de las ideas del libro a tu carrera profesional para que puedas aportar el mayor valor posible, promocionar y obtener mayores beneficios. Y si estás emprendiendo ahora, para que puedas aplicar estos conceptos y consigas hacer crecer tu negocio, aportando mayor valor a tus clientes y evitando esos errores tan típicos y absurdos que cometen la mayoría.

En lo que concierne a la estrategia, hay una ligera diferencia entre la situación de los últimos años y el comienzo de los 2000, cuando comencé en este mundo. Es evidente que ahora tenemos un exceso de información que conduce a la desinformación. Así, tenemos a nuestra disposición múltiples formas de obtener información sobre estrategia y emprendimiento, como portales, blogs, vídeos, libros, revistas, etc., con numerosas historias de emprendedores que explican su estrategia y su fórmula para el éxito.

Muchas veces, se refleja una parte de la historia, la que terminó bien. Pero, nos guste o no, el éxito oculta lo que el fracaso enseña. Y, además, estos testimonios suelen estar descontextualizados, no explican los tropiezos sufridos en el camino ni el aprendizaje adquirido. Y el pobre incauto que acaba de aterrizar en este mundo y todavía no tiene un criterio claro para separar el grano de la paja, se lanza a copiar esa estrategia, sin tener en cuenta ni sus recursos, ni las peculiaridades de su sector, ni los distintos niveles de experiencia.

Se estima que existen actualmente casi 2000 millones de blogs, y que unos 5000 millones de vídeos se ven en YouTube todos los días. El ruido es ya tan alto que, muchas veces, es imposible escuchar.

Una pata del éxito en la elaboración y ejecución de la estrategia es disponer de la información correcta. Tienes que identificar las fuentes de conocimiento en el sector en que opera tu negocio, tanto si estás en puestos directivos como si estás emprendiendo. Disponer del conocimiento adecuado influirá en tu habilidad para ver huecos en el mercado.

En los últimos años, el concepto de la democratización tecnológica se ha generalizado y convertido en un fenómeno mundial. Esto permite que una empresa recién creada pueda acceder a sistemas transaccionales y operativos tipo ERP o

CRM al utilizar solo aquellos componentes que realmente necesitan a partir de modelos de servicio montados sobre la nube.

Además, está empezando a despuntar la inteligencia artificial como servicio (IAaaS), ofertando a empresas y particulares su externalización. Esto nos está permitiendo experimentar con ella sin una gran inversión inicial y con poco riesgo, convirtiéndose en un elemento facilitador de negocio muy importante, tanto a nivel externo e interno.

No podemos permanecer ajenos a esto ni a los cambios en las formas de relacionarse de los usuarios, de buscar información y de consumir productos y servicios.

Por último, no olvides vigilar la competencia, sus movimientos y sus alianzas. Y, cuando algo te convenza, imítalo y adáptalo a las características de tu negocio. Te pongo un ejemplo de cómo aprovechar la experiencia y la tecnología existente para acelerar el desarrollo de productos.

En los primeros años de Tesla, Musk decidió comprar un coche de su competencia, un Lotus Elise, para hacer ingeniería inversa y usarlo de base para su primer modelo, el Tesla Roadster.

Lo compraron, lo desmontaron, lo analizaron y fueron replicando en su coche lo que consideraban interesante. A partir de ahí, ya pudieron aprender sobre la tecnología de carga de baterías, su estructura, componentes y sistemas y, en poco tiempo, ofrecieron una solución más potente que la de su competencia.

A través de este proceso, el equipo de Tesla pudo identificar las áreas de mejora y adaptar el diseño del vehículo, permitiéndoles ahorrar tiempo y recursos significativos en su desarrollo.

Vigilar a tu competencia tiene que estar en el ADN de tu empresa.

Si sigues las recomendaciones y principios explicados en este libro, comprobarás que la estrategia te diferenciará del resto y te ayudará a llegar a tus objetivos, conjugando los recursos y capacidades de tu negocio con las tendencias del entorno. Tener una estrategia implica que somos capaces de mirar a largo plazo. Dentro de cinco años tu empresa estará en un punto u otro en función de la estrategia que hayas elaborado y empieces a ejecutar este año.

Pero no reduzcas la estrategia solo al *marketing*. Ha de ser el final, no el principio. Céntrate en tu propuesta de valor, en qué necesidad o expectativa vas a atacar, en los puntos de dolor que vas a mitigar en los clientes, en cómo lo vas a hacer y en tu narrativa de comunicación. Alimenta el resto de las estrategias: económica, alianzas, operativa, *marketing*. Solo así obtendrás coherencia. Solo así tendrás sostenibilidad a medio y largo plazo. Solo así desarrollarás una estrategia 360.

No olvides que, si solo nos centramos en lo grande, seremos visionarios con grandes sueños que puede que nunca se cumplan. Si solo nos centramos en los detalles, seremos pequeños ejecutores incapaces de hacer nada grande. Lo óptimo es ser capaces de combinar los dos.

Y, por último, no discutas con el mercado. Tienes las de perder. Siempre.

«La calidad de una estrategia no se mide por su complejidad, sino por su capacidad para inspirar, movilizar y transformar. La estrategia sin acción es solo una ilusión, pero la acción sin estrategia es simplemente movimiento sin dirección. El éxito pertenece a aquellos que planifican, ejecutan y se adaptan sin perder de vista su visión estratégica».